Théorie générale de la croissance économique et du développement

Collection « L'esprit économique »

fondée par Sophie Boutillier et Dimitri Uzunidis en 1996
dirigée par Sophie Boutillier, Blandine Laperche, Dimitri Uzunidis

Si l'apparence des choses se confondait avec leur réalité, toute réflexion, toute Science, toute recherche serait superflue. La collection « L'esprit économique » soulève le débat, textes et images à l'appui, sur la face cachée économique des faits sociaux : rapports de pouvoir, de production et d'échange, innovations organisationnelles, technologiques et financières, espaces globaux et microéconomiques de valorisation et de profit, pensées critiques et novatrices sur le monde en mouvement...
Ces ouvrages s'adressent aux étudiants, aux enseignants, aux chercheurs en sciences économiques, politiques, sociales, juridiques et de gestion, ainsi qu'aux experts d'entreprise et d'administration des institutions.

La collection est divisée en six séries :

Dans la série *Economie et Innovation* sont publiés des ouvrages d'économie industrielle, financière et du travail et de sociologie économique qui mettent l'accent sur les transformations économiques et sociales suite à l'introduction de nouvelles techniques et méthodes de production. L'innovation se confond avec la nouveauté marchande et touche le cœur même des rapports sociaux et de leurs représentations institutionnelles.

La série *Economie formelle* a pour objectif de promouvoir l'analyse des faits économiques contemporains en s'appuyant sur les approches critiques de l'économie telle qu'elle est enseignée et normalisée mondialement. Elle comprend des livres qui s'interrogent sur les choix des acteurs économiques dans une perspective macroéconomique, historique et prospective.

Dans la série *Le Monde en Question* sont publiés des ouvrages d'économie politique traitant des problèmes internationaux. Les économies nationales, le développement, les espaces élargis, ainsi que l'étude des ressorts fondamentaux de l'économie mondiale sont les sujets de prédilection dans le choix des publications.

La série *Krisis* a été créée pour faciliter la lecture historique des problèmes économiques et sociaux d'aujourd'hui liés aux métamorphoses de l'organisation industrielle et du travail. Elle comprend la réédition d'ouvrages anciens, de compilations de textes autour des mêmes questions et des ouvrages d'histoire de la pensée et des faits économiques.

La série *Clichés* a été créée pour fixer les impressions du monde économique. Les ouvrages contiennent photos et texte pour faire ressortir les caractéristiques d'une situation donnée. Le premier thème directeur est : mémoire et actualité du travail et de l'industrie ; le second : histoire et impacts économiques et sociaux des innovations.

La série *Cours Principaux* comprend des ouvrages simples, fondamentaux et/ou spécialisés qui s'adressent aux étudiants en licence et en master en économie, sociologie, droit, et gestion. Son principe de base est l'application du vieil adage chinois : « le plus long voyage commence par le premier pas ».

Bernard Landais

Théorie générale de la croissance économique et du développement

L'Harmattan

5-7, rue de l'École-Polytechnique, 75005 Paris

http://www.editions-harmattan.fr

ISBN : 978-2-336-47204-1
EAN : 9782336472041

A Guy Landais, mon frère.

Du même auteur :

« **Le Monétarisme** », 1987 Editions Economica.

« **Leçons de politique budgétaire** », 1998 Editions De Boeck-Université.

« **Leçons de politique monétaire** », 2008, Préface de Christian de Boissieu, Editions De Boeck-Université.

« **Les Fluctuations** », 2017, Editions L'Harmattan.

« **Croissance économique et choix politiques** », 2020, Editions L'Harmattan.

« **Macroéconomie efficace** », 2020, Préface de Patrick Villieu, Editions L'Harmattan.

« **Réagir au déclin** », 2022, VA Editions, Préface de François Goulard.

« **Macroéconomie ; les fondamentaux** », 2024, Editions L'Harmattan.

Remerciements

Je tiens à remercier tous les collègues et amis qui m'ont encouragé tout le temps de la préparation de ce livre.

J'ai une dette particulière envers ceux d'entre eux qui ont bien voulu lire le texte au cours des diverses étapes de sa préparation et m'apporter suggestions et corrections :

Professeur Adama Diaw, de l'Université de Saint Louis du Sénégal,

Professeur Jean Didier Lecaillon de l'Université Paris II,

Professeur Claudio Ruff Recteur de l'Université Bernardo O'Higgins de Santiago du Chili,

Professeur Alain Redslob de l'université Paris II, Président de l'AIELF.

Jean-François Verne, Doyen de la Faculté de Sciences Economiques de l'Université Saint Joseph de Beyrouth.

Professeur Patrick Villieu de l'Université d'Orléans.

Je remercie aussi tout spécialement Anne-Yvonne Landais, Maître de Conférences ès Sciences Economiques et Anne-Loeiza Landais, Archiviste Paléographe, pour les nombreux échanges intellectuels sur le fond de l'ouvrage et pour leur patient travail de relecture.

Les erreurs et les opinions contestables sont naturellement de mon entière responsabilité.

Avant-Propos

Cet ouvrage propose au lecteur un cadre très vaste englobant tout à la fois la théorie récente de la croissance économique et celle du développement. La croissance économique est ce qui procure plus de biens et services aux habitants ; elle se mesure généralement par l'augmentation du produit intérieur brut (PIB). De son côté, le processus de développement économique se définit comme l'augmentation de l'utilité ressentie, ce qui accroît le bonheur des gens. Ces deux processus sont liés de multiples façons que ce livre aide à comprendre. Les interactions sont tellement serrées qu'il ne nous a pas paru possible d'analyser l'un sans analyser l'autre ; c'est du moins ce que nous allons nous efforcer de justifier au cours des quatre chapitres et de la conclusion qui suivent. Mais seule une théorie générale de croissance très ouverte, notamment à l'existence des cultures, a la possibilité de se combiner efficacement à la théorie du développement. Le modèle nouveau MIE exposé dans cet ouvrage élargit donc son champ aux facteurs humains pour s'adapter aux conditions du développement. De surcroît, la relation entre les deux domaines est bidirectionnelle et les faits de développement conditionnent eux-aussi, de façon souvent décisive, la croissance ultérieure du PIB. Dans notre conclusion, nous insisterons donc à nouveau sur l'idée qu'une analyse conjointe des deux phénomènes est indispensable et a été effectivement menée dans ce livre.

Sommaire

Chapitre 1

Analyse critique de la théorie traditionnelle de la croissance

« Qui veut noyer son chien, l'accuse de la rage »

Proverbe français du XIIIème siècle.

La nouvelle théorie de la croissance économique que propose ce livre se prétend générale, c'est-à-dire qu'elle ne veut rien laisser en dehors d'elle. On verra que pour y parvenir elle devra renoncer à quelques autres qualités et en particulier, au moins dans l'immédiat, celle de pouvoir être convenablement habillée de statistiques et de relations chiffrées.

La théorie traditionnelle de la croissance pratiquée de nos jours est plutôt à l'opposé. Dans ce premier chapitre, nous dirons ce qu'elle est de ce point de vue, un outil parfois efficace mais théoriquement flou.

Le flou théorique et l'impasse sur le détail des cultures, des mentalités et du cadre de l'action publique empêchent jusqu'à présent une cohérence entre les deux approches de croissance économique et du développement.

Le chapitre 1 se consacre assez brièvement au « côté obscur » de l'approche actuelle des travaux sur la croissance.

I Pourquoi une théorie générale de la croissance économique ?

Pourquoi une « nouvelle » approche de la théorie de la croissance ? Y a-t-il sacrilège ou suffisance à vouloir rebâtir une synthèse quand tant d'esprits féconds, parmi lesquels plusieurs Prix Nobel, se sont dits « fascinés » (Robert Lucas) par la question de croissance et l'ont abordée dans des écrits nombreux et pénétrants ? Cette synthèse théorique de la croissance n'existe-t-elle pas déjà ?

En économie comme ailleurs une théorie n'est ni plus ni moins qu'une explication, c'est-à-dire un ensemble d'hypothèses coordonnées proposées pour répondre à un problème du type : qui est l'assassin, comment a-t-il commis son crime et pourquoi ? Pourquoi le pont s'est-il effondré au passage du train ? Quelles sont les causes habituelles de l'inflation ? Et donc ici, quels sont les déterminants de la croissance économique et des différences de son rythme observées entre les pays et selon les époques ?

Les réponses à toutes ces questions ne sont pas des vérités absolues à admettre sans réfléchir. En économie notamment, elles ne sont pas intangibles. Mais elles se doivent d'être compréhensibles, cohérentes et prétendre à la plus forte probabilité d'être vraies. C'est alors qu'on peut tabler sur une authentique théorie.

Une théorie utile, comme ensemble d'hypothèses, doit être falsifiable et ne pas avoir été clairement reconnue fausse sur plusieurs ou même sur l'une de ses hypothèses par des faits observés incontestés.

Mais pour être crédible, une théorie doit pouvoir sinon éliminer ses concurrentes du moins ambitionner de le faire. Un policier qui dirait que Pierre a tué sa belle-mère dans un accès de colère tout en précisant qu'il se pourrait « en même temps » que Paul ait occis cette même personne pour la voler, n'aurait évidemment pas fourni de théorie valable pour élucider le meurtre. A moins peut-être de rassembler les deux hypothèses en disant qu'ils ont été complices et se sont mis d'accord pour le perpétrer ensemble.

Ainsi, quand les économistes s'attaquent aux explications de la croissance, on regrette qu'ils juxtaposent pacifiquement une théorie « exogène » de la croissance à une théorie « endogène » à moins de décider d'emblée que l'une est valable et l'autre est fausse ou de dire que l'une de ces explications était vraie autrefois mais ne l'est plus. Une solution pratique est d'ailleurs de choisir l'approche endogène qui tolère l'idée que certains progrès techniques sont exogènes alors que l'inverse n'est pas vrai.

Les théoriciens utilisent des fonctions de production macroéconomiques comportant tantôt deux facteurs, tantôt trois, tantôt quatre et même parfois cinq, avec le plus souvent des approches partielles qu'ils n'unifient jamais à la fin. Si l'on on ajoute un facteur, il faudrait comprendre où il était censé se dissimuler et interagir dans la version ancienne dépassée du modèle global et d'où il faudrait donc l'extirper pour rester cohérent. Sinon, on hérite *in fine* d'une suite de modèles : modèle de Mr A, modèle de Mrs B, modèle de Mr C, tous excellents économistes, présentant chacun des aspects fondamentaux ou seulement intéressants de la problématique de croissance mais qui ne se positionnent pas relativement les uns aux autres. Aucun de ces modèles ne peut être enseigné à des étudiants ou à des décideurs politiques après qu'on leur ait dit : « *voici **la bonne explication** formalisée de la croissance économique »,* vous pouvez lâcher les autres sans remords ou les retrouver *post mortem* dans les cours d'histoire de la pensée économique ! Certes, il règne parfois l'impression diffuse que la théorie la plus récente abolit les précédentes mais dans la plupart des manuels et dans les ouvrages consacrés à la croissance économique on n'affirme jamais rien de semblable[1].

Globalement, pour la croissance mais aussi pour les déséquilibres et les fluctuations, les ouvrages de macroéconomie et spécialement les manuels, se placent en permanence dans les pas d'une « histoire de la pensée » en marche où l'on dit généralement du bien des anciennes idées mortes sans faire le tri nécessaire. C'est probablement une des raisons de l'affaissement des sciences économiques, prises en tenaille entre un mouvement d'idées empilées par une recherche active et l'incapacité des économistes à réduire les détours perpétuels de la

---

[1] Les manuels d'économie grossissent significativement. En ce domaine, la tradition française était plus directe, peut-être parce qu'elle s'ancrait dans l'enseignement des Facultés de Droit où le prosaïsme et le sens du concret étaient à l'honneur. Il en reste quelques bonnes traces dans les manuels français.

littérature pour atteindre l'objectif de réponses pédagogiques et opérationnelles[2].

Dès lors, le bon modèle de croissance sera celui qui réalisera la synthèse des modèles de A, B, C et autres, sans négliger leurs apports pertinents tout en traitant leurs contradictions. Par exemple : si le progrès technique est notoirement endogène, il faut effacer ce qu'en disaient les modèles keynésiens ou néoclassiques dits « exogènes » ; et par exemple, si l'on décide d'introduire les diverses formes du capital humain, il faut refuser notamment de discuter de l'effet d'apprentissage (*learning by doing*) comme d'un avatar du progrès technique, puisque cet effet s'inscrit maintenant dans le facteur de capital humain ; il ne faut pas hésiter à formuler encore bien d'autres remises en cause radicales.

Implicitement, on a trop souvent choisi de ne pas effacer les contradictions théoriques potentielles pour laisser un champ très ouvert aux recherches empiriques, vite apparues prioritaires chez les économistes anglo-saxons de la croissance, au détriment de la cohésion analytique. Cette priorité accordée à l'économétrie a eu pour effet de susciter de faux problèmes qu'on s'est empressé de résoudre, faute de mieux, par une saturation de travaux statistiques.

---

[2] Face à l'allongement des détours, les durées d'enseignement auraient au moins dû augmenter de volume mais ce fut partout l'inverse. Ne parlons même pas de ces étudiants non spécialistes : gestionnaires, politologues, juristes ou historiens, tous les « décideurs » de demain, à qui l'on fait seulement franchir les premières marches quasi inutiles de cet interminable escalier en colimaçon. Voir *a contrario* mon ouvrage « Macroéconomie », L'Harmattan (2024).

I . 1 Les faux problèmes

Considérons par exemple le faux problème de la « convergence » ou de la « divergence », savoir si les pays pauvres ont tendance à rattraper les pays riches ou l'inverse. C'est clairement une question mal posée et logiquement inconséquente. En effet, s'il y avait eu une longue évolution historique vers la convergence, la question des pays riches ou pauvres ne se poserait pas. Donc, au mieux et pour reconnaître son caractère contingent, la question devrait être abordée par phases temporelles bien délimitées.

Historiquement, on constate qu'il y eut au XIXème siècle une **grande divergence** des taux de croissance nationaux. Cette divergence doit s'expliquer facilement mais par les causes ordinaires de la croissance que la théorie unifiée, cette « bonne synthèse » à établir, doit trouver. Et si le mouvement s'est renversé à un moment donné pour plus de convergence, l'appel aux raisons ordinaires de la croissance s'impose également.

Par conséquent, nul besoin de considérer le pseudo problème de la convergence en soi, d'autant que les observations empiriques, extraites par exemple des études de Robert Barro et Xavier Sala i Martin[3], ne le manifestent aucunement en pratique, dans un sens ou un autre, pour la période contemporaine.

---

[3] Voir Barro, Robert et Xavier Salah i Martin (1996) : « *La croissance économique* », traduction française de « *Economic Growth* » Mc Graw-Hill (1995).

En rajouter encore en mettant en avant l'idée lumineuse de « convergence conditionnelle » confine à un acharnement thérapeutique dont il nous faut dire un mot. La thèse de la « convergence conditionnelle » arrive après la bataille, après qu'on eut identifié et isolé les causes de croissance. D'abord, on cristallise ces causes en « potentiels » nationaux et on se sert de ces « potentiels » pour prédire la croissance de chaque pays. Dans cette optique particulière[4] le potentiel est une grandeur prospective représentant l'espoir légitime de PIB et de croissance ultérieure d'un pays compte tenu de ses conditions du moment. La croissance future et sa vitesse dépendent positivement de l'écart entre cet espoir de revenu par tête et la situation effective préexistante.

Selon les résultats des études statistiques consacrées à cette hypothèse la procédure statistique aboutirait donc assez systématiquement à prévoir une croissance sous-estimée pour les pays les plus pauvres. On constaterait ainsi **une tendance résiduelle** à ce que les pays au revenu par tête plus faible enregistrent une croissance plus rapide que ce que laissaient prévoir leur « potentiel » et les calculs menés autour. C'est une bonne occasion de milliers de travaux sans intérêt puisque si cela s'avère plausible statistiquement, il faudra pouvoir l'expliquer. La seule justification possible est logiquement qu'en définissant le « potentiel » de chaque pays dans la première étape, on aura mal mesuré un des facteurs généralement favorables à la croissance ou surtout qu'on aura négligé une ou plusieurs variables pertinentes

[4] MIE retiendra une autre version du terme « potentiel », classiquement la situation préalable des causes déterminant une croissance future.

avantageant relativement les pays pauvres[5]. Dès lors, pourquoi **dès le départ** ne pas adjoindre ces variables à l'inventaire synthétique complet des causes de croissance constituant le potentiel et démarrer d'emblée avec une théorie ainsi complétée ?

Ce raisonnement critique vaut aussi mais sans doute un peu moins pour l'avatar de cette thèse de convergence conditionnelle appelé « convergence par club ». Dans ce cas, il est suggéré que la communauté culturelle et/ou géographique et les échanges entre pays qui se ressemblent ou se touchent peuvent conduire à des niveaux de vie portés à s'égaliser. On relève donc indirectement la nature prétendument culturelle ou géographique du chaînon manquant. Cela n'excuse pas son absence initiale, mais en soi ce n'est pas sans intérêt ni sans rapport avec les thèses exprimées plus loin par cet ouvrage.

Parmi les faux problèmes passés de la théorie de la croissance, celui des fonctions de production macroéconomique à coefficients fixes ou celui connexe de l'état stable[6]est dans toutes les mémoires sinon dans tous les cauchemars des économistes des générations anciennes.

---

[5] Cette hypothèse montre ainsi à quel point la modélisation économétrique ne peut rendre compte de certains atouts non chiffrables des pays en retard, probablement une situation du développement plus favorable qu'elle n'apparaît selon les statistiques standard du PIB et de la simple croissance. Elle révèlerait donc l'existence d'une trop grande discontinuité entre les deux analyses de croissance et de développement, discontinuité que nous essayons de combler ici en les liant fortement.

[6] Les discussions sur l'« état stable » et ses conditions font immanquablement penser à celles du sexe des anges reprochées (à tort) aux scholastiques du Moyen Âge.

Si l'on en parle encore dans les introductions des cours, reconnaissons cependant que ces problématiques se font ensuite beaucoup plus discrètes.

L'approche institutionnaliste a fécondé une quantité de travaux où le plus souvent la croissance économique court après la démocratie ou l'inverse sans que la théorie ait su en préciser les interactions. Des notions super floues, codifiées à la va vite dans les classements internationaux d'une floppée hétérogène de pays, ont servi de prétexte à des milliers d'études empiriques, vouées d'emblée à l'échec. Il suffirait d'ailleurs de considérer les croissances chinoise et irlandaise[7], aux antipodes démocratiques, pour démolir toutes les conclusions hâtives, contradictoires et vaines sur cette question ambiguë. Cet exemple pose à l'analyse un problème d'une certaine ampleur. Dans de nombreux cas, les observateurs de la vie économique dressent des grilles de notation des économies nationales donnant de bonnes ou mauvaises notes à tel ou tel pays. Ils jaugent globalement le contexte politique, juridique et social comme plus ou moins favorable à l'activité économique et à la croissance (ONU, FMI, Banque mondiale, CATO Institute...). Ces classements utiles sont en fait très contingents au système économique des pays concernés, les facteurs jugés favorables dans la sphère occidentale d'économie de marché ou oligarchique ne convenant pas forcément aux assez nombreux pays socialistes, ni aux pays de système mixte ou organisés autrement. C'est encore un aspect que la théorie de la croissance n'a pas le droit de négliger.

[7] Ce sont des exemples parmi beaucoup d'autres.

La liste des faux problèmes engendrés par l'insuffisance du traitement théorique pourrait s'allonger. En posant des bases plus solides, la synthèse explicative complète peut servir à les éliminer.

Les différents auteurs des théories A, B, C, D… n'ont pas cherché à établir une synthèse solide parce qu'ils étaient obnubilés par l'idée récurrente d'accrocher leurs approches partielles au grand courant des travaux empiriques alimenté par la multiplication contemporaine des données internationales. En de trop nombreuses occasions, des présentations théoriques ont été ranimées ou « aménagées » pour permettre leur utilisation économétrique de façon plus fluide et/ou moins fautive. C'est même l'un des traits majeurs de l'analyse contemporaine de la croissance.

I . 2 Le « potentiel », une intuition féconde mais une impasse théorique

Une manière astucieuse de subordonner la théorie à la mesure fut donc de créer le concept nouveau de potentiel de croissance. Celui-ci a donc été défini comme une promesse de niveau de vie futur établie par combinaison linéaire des prédispositions à la croissance. Ces dernières sont sélectionnées en fonction de liens intuitifs de bon sens : épargne, institutions, capital d'éducation, indicateurs de santé, éléments démographiques, efforts de recherche et bien d'autres. Le potentiel ainsi décrit renvoie à un niveau de revenu par tête qu'il devrait automatiquement permettre d'atteindre à un horizon futur mal précisé. En comparant cette **promesse de revenu** et de niveau de vie à la **situation présente** du revenu on obtient une différence positive ou négative. Positive, elle indique que le revenu par tête est poussé à s'accroître vers le potentiel **à une vitesse** (taux de croissance) **qui dépend de l'écart** de départ. Négative, elle suppose un déclin du revenu par tête, à une vitesse définie également en fonction de l'importance de la dégradation du potentiel. Ces hypothèses sont en réalité cruciales car si elles résument bien mathématiquement une saine analyse théorique, elles l'explicitent moins qu'elles ne la cachent.

Les auteurs les plus en vue ont donc d'abord peaufiné cette notion de « potentiel », le vecteur rassemblant les forces de croissance visibles et invisibles, puis ils ont considéré que les pays ont une croissance économique d'autant plus vive que leur niveau de PIB actuel est inférieur à celui que devra obligatoirement leur valoir à terme ce « potentiel » estimé par les chercheurs. Ils se sont donné ainsi un outil efficace pour prévoir la croissance à partir des multiples variables regroupées dans le « potentiel ». Ces variables sont souvent choisies « au doigt mouillé » à la fois pour leur pertinence théorique intuitive et pour leur caractère mesurable. La facilité de mesure est d'ailleurs heureusement accrue par le fait que les variables incluses dans le potentiel des pays sont le plus souvent des **variables en niveau** plus souvent disponibles. Ces variables : taux d'épargne, taux de scolarité, indice de démocratie, part du PIB consacrée à la recherche et beaucoup d'autres, concourent à expliquer un **rythme** de croissance, un peu comme la hauteur d'une écluse détermine la vitesse du courant mesurée quand on l'ouvre. Dans le cas de la croissance économique, il faudrait pourtant pouvoir dire dès le début pourquoi l'écluse a été si longtemps fermée, pourquoi ce potentiel s'est constitué pendant si longtemps sans commencer à entraîner une croissance plus vive de l'économie considérée ; en bref, il faut justifier le décalage et le temps d'ajustement. Comme indiqué plus haut, ces justifications n'arrivent pas et c'est bien dommage car si elles arrivaient elles apparaîtraient inévitablement sous la forme de fonctions d'investissement avec décalages et de *« time to built »* (temps de réalisation). Comme son nom l'indique, le chemin proposé par le Modèle à Investissements Effectifs (MIE) franchira d'emblée cette difficulté conceptuelle.

Pendant des décennies de recherche on vit donc fleurir les fameuses relations économétriques « à la Barro » qui envahirent l'espace professionnel. Dès lors, l'effort purement théorique d'explication de la croissance en fut considérablement freiné. Dans le *maelström* obligatoire de la publication professionnelle, l'effort théorique ne faisait plus recette.

Cette manière de faire est intéressante à beaucoup de points de vue. Elle est souple et s'ajuste aux « marottes » des divers chercheurs. Dans presque tous, figurera le taux d'épargne ou d'investissement en capital physique. Puis, tel économiste tenté par l'institutionnalisme introduira dans le potentiel un indicateur de démocratie ou une « note nationale » censée résumer l'Etat de Droit ; tel autre, s'intéressant à la politique économique de l'Etat y mettra un indicateur de taux de prélèvements ou d'investissement public de recherche ; un troisième y fera entrer en force des indicateurs de niveau d'éducation de base, secondaire, supérieure ou technique. C'est l'auberge espagnole ! La méthode s'adapte donc très bien aux différents axes de recherche envisagés pour la croissance économique. Alors, pourquoi s'en alarmer ?

Une première critique vient de l'extrême diversité des approches pragmatiques qu'elle autorise. Souplesse égale émiettement à profusion. Comme exprimé plus haut, chacun peut poursuivre sa ligne A, B ou C sans même regarder ce que font les autres. On aboutit donc à des théories « éparpillées façon puzzle »[8]. La souplesse du potentiel est aussi l'imprécision d'une notion attrayante mais jamais clairement définie dans ses composantes. Les valeurs du potentiel calculées pour chaque pays sont aussi nombreuses que les angles d'attaque choisis par les économètres et les classements internationaux qui les habillent varient selon la mode du moment.

Une deuxième critique vient du fait que le potentiel est souvent défini sans rapport étroit avec la fonction de production macroéconomique qui est la première et principale expression de la théorie de la croissance. Le taux de progression du PIB par tête s'appuie économétriquement sur un empilement de variables, de façon purement empirique. C'est le triomphe des « formes réduites » dans un domaine où le niveau de complexité ne les excuse pas[9]. Des pans entiers de théorie préalable, parfaitement accessibles, sont masqués ou passés sous silence. C'est ainsi que le taux d'investissement I/Y est retenu comme variable majeure du potentiel ce qui est évidemment très

---

[8] Réplique de Bernard Blier dans « *Les Tontons Flingueurs* » (1965).

[9] On reprend ici *a contrario* le point de vue de Milton Friedman à propos des mécanismes de transmission de la politique monétaire, un domaine sans aucun doute plus complexe que celui de la croissance économique.

judicieux ; on ne prend pourtant pas beaucoup de temps à en expliquer la valeur ! Il existe bien une approche microéconomique de son niveau, les modèles de Ramsey, Cass, Koopmans, mais elle est fondée sur des hypothèses totalement irréalistes dans un contexte où le recours à l'agent représentatif unifiant production et consommation est manifestement à proscrire. Robert Solow[10]lui-même considérait I/Y comme exogène. Si pourtant un pays accumule bien plus de capital physique qu'un autre il faudrait au moins essayer de dire pourquoi et ne pas se contenter de faire commencer la théorie après ce simple constat. **Car en toute logique, répondre à la question du niveau de l'investissement c'est déjà exprimer « la » vraie et bonne théorie de la croissance**. Régresser économétriquement le taux de croissance sur les taux d'investissement est quasiment une tautologie sans vraie portée explicative[11]. Ce serait comme dire que le gagnant de la course cycliste est celui qui a appuyé le plus fort sur les pédales, sans parler des problèmes de biais d'endogénéité d'Haavelmo qui risquent de plomber le travail économétrique qui suivra.

Tout se passe, à tort, comme si les éléments constitutifs du potentiel étaient des données de nature, ce qu'ils sont rarement, sauf peut-être la position géographique ou la dotation en ressources naturelles mais l'on sait de longue

[10] Robert Solow (1970) : « *Théorie de la croissance économique* », traduction française (1972) Editions Armand Colin.

[11] Ce serait comme dire que le gagnant de la course cycliste est celui qui a appuyé le plus fort sur les pédales… Sans parler des problèmes de biais d'endogénéité d'Haavelmo qui risquent de plomber le travail économétrique.

date et par réflexion que ces variables de situation importent assez peu pour la croissance à long terme, hormis pour quelques pays rentiers[12]. Etablir une théorie véritable de la croissance économique exige donc de **déterminer au préalable pourquoi les éléments du « potentiel » atteignent telle ou telle valeur.**

Paradoxalement, on peut émettre l'idée selon laquelle la théorie standard est peu testée économétriquement. Comme elle se limite en tant que théorie à la présentation d'une fonction de production, c'est seulement sur ce point qu'elle se prêterait à la réfutation scientifique par les faits ; et sur ce point peu contestable il y a vraiment peu de chances qu'elle le soit.

Plus généralement, les pratiques économétriques ont eu sur la recherche théorique un impact négatif. Elles ont sacralisé l'idée selon laquelle on doit considérer comme « géniale » une théorie qui explique beaucoup avec peu, du type : *la demande globale ... la demande globale...*[13] comme le keynésianisme avec lequel on les associent historiquement (les années 1930). Or, pas plus pour la croissance que pour l'équilibre général, les réalités macroéconomiques ne se coulent facilement dans les habits étriqués des modèles à une, deux ou trois variables explicatives. La raison en est

---

[12] Les pays qui bénéficient d'une rente pétrolière sont un cas particulier marqué par leur prodigieuse capacité à mettre en œuvre des investissements massifs, quitte à importer (sans problème) les facteurs manquants nécessaires.

[13] Allusion bien sûr à la Théorie Générale de Keynes mais aussi à la pièce de Molière intitulée « le malade imaginaire » où l'un des médecins ne cesse de répéter : *« le poumon, le poumon, le poumon vous-dis-je... »*

simplement que les causes d'un phénomène impliquant les êtres humains et leur libre arbitre sont toujours très nombreuses et difficiles à cerner.

C'est pourquoi il faut s'apprêter à faire un choix entre d'une part le puzzle dominant facilitant les travaux empiriques périphériques et d'autre part la synthèse explicative détaillée, moins propice[14]à ces mêmes travaux. Ce livre choisit la deuxième option. Ce faisant, Il ne part pas de zéro mais reprend et exploite plus à fond l'idée d'une fonction de production macroéconomique mettant en scène des facteurs soigneusement ciblés.

I . 3 Du découplage croissance-développement

Notre analyse critique de la théorie dominante de la croissance poursuit son chemin sur la ligne de crête entre la simplicité analytique, nécessaire entres autres pour la mesure statistique et la vérité théorique qui éclaire les mouvements fondamentaux de la production au cours du temps.

La théorie existante cherche souvent à formaliser les modèles macroéconomiques de façon simpliste alors qu'on doit faire face à une grande complexité du réel : incertitude au sens radical, déséquilibres réels et financiers, considérations philosophiques, mentalités…Cette tendance se conforte dans l'évolution scientifique par l'existence associée d'un fonds de données statistiques internationales regroupant des éléments normalisés pour tous les pays mais

[14] Les travaux seront plus difficiles en raison du nombre de plus en plus élevé de variables pertinentes difficilement mesurables.

ignorant par essence les facteurs impalpables. **Pour simplifier, on doit souvent ignorer !** Cette attitude a contribué à couper la théorie de la croissance de beaucoup d'apports de la théorie du développement, au point que dans de nombreux pays, la seconde a quasiment disparu des radars universitaires et politiques.

On observe donc une nouvelle éclosion de l'approche dichotomique, non plus comme autrefois entre les évolutions monétaires et réelles mais désormais entre les réalités de la croissance et celles du développement. Ces dernières sont devenues les « parents pauvres », incapables même de se voir reconnaître des liens familiaux précis avec les réalités de la croissance. Dans la sphère de l'action pour la croissance et le développement, les acteurs dits « sérieux » sont avant tout des connaisseurs de la croissance économique dont ils maîtrisent les outils courants et ils n'accordent qu'une attention condescendante aux conditions non chiffrables du véritable développement.

II Comptabilité de croissance : un point de départ

Pour être juste, le courant traditionnel ne s'est jamais complètement écarté d'une voie théorique, celle qui s'ouvre du côté de la fonction macroéconomique de production Il y fait notamment référence dans les procédures d'évaluation *a posteriori* qu'on dénomme, selon les auteurs, « comptabilité » de croissance ou « arithmétique » de croissance. Dans cette démarche, l'idée est de voir à quoi attribuer la progression du PIB pour des séries de périodes passées ou encore quelles sont les raisons des différences de croissance observées entre pays pour une même période. Ce sont les deux variantes traditionnelles de ce type de comptabilité rétrospective. Le « potentiel » ne se prête pas du tout à ce genre d'exercice car on n'est en mesure ni de le définir de façon unique, précise et intangible, ni *a fortiori* de le calculer. On notera que les seuls travaux empiriques convenables à même d'invalider la théorie standard de la croissance sont justement ces travaux *a posteriori* de comptabilité de croissance. C'est leur qualité économétrique, les bons ou les mauvais R^2, qui permet de dire si la fonction de production, expression simple de la théorie, doit être conservée ou rejetée.

Des travaux empiriques entrepris dans cette optique ont été réalisés sur la base des évolutions de facteurs : partant d'un taux historique de croissance du PIB, quelle part de ce taux peut être reliée à la progression du capital physique K, quelle part peut-on attribuer à la progression du travail, du capital humain et que signifie le résidu observé, couvrant souvent la part prise par le progrès technique ? Les auteurs ayant pratiqué ces techniques de comptabilité de croissance *a posteriori* reconnaissaient donc la primauté théorique de l'approche par la fonction macroéconomique de production. Ainsi, dans les décennies où la recherche s'y intéressait le plus, les années 1990-2010, on apprenait que la hausse du capital physique **par travailleur** en Chine[15]était responsable de 53 % de la croissance du PIB

[15] Loren Brandt et Xiaodong Zhu « *Accounting for China's Growth* » University of Toronto (WP). Tout esprit curieux devrait se poser alors la vraie question : pourquoi un si fort taux d'investissement ?

par tête entre 1998 et 2007, le reste, soit 47 %, relevant de la productivité totale des facteurs (PTF), un mélange où l'on reconnait le résidu de Solow et regroupant la progression du capital humain et de progrès technique[16]. C'est d'ailleurs au vu d'études de ce type que furent proposés les changements apportés à la fonction de production macroéconomique et dont il sera question ci-dessous. Ce seront deux nouveaux facteurs aux côtés du capital physique et du travail. Il faut se souvenir en effet que dans la fonction de Cobb-Douglas, les paramètres de puissance représentent les élasticités du produit par rapport aux facteurs, donnant ainsi les pourcentages d'implication de chacun d'entre eux dans la croissance observée. Ils sont utiles à ce point de vue mais encore pour mesurer la répartition factorielle des revenus.

La façon dont se pratique la comptabilité de croissance est le point de départ à la reconquête théorique. La première étape vers le modèle unifié commence donc par la définition d'une bonne fonction de production. En s'intéressant *a priori* aux variations des facteurs K, L, A (le niveau technique) et H1PR (le capital humain professionnel) ou de l'indice O_p, on reprend un vrai chemin théorique qui passera ensuite par les fonctions d'investissement de tous ces facteurs. C'est ce que fait le Modèle à Investissement Effectif qui sert de cadre à ce livre.

[16] On verra qu'il s'agit du résidu qualitatif conjoint des deux facteurs de base K et L.

Chapitre 2

Le modèle de croissance à investissement effectif (MIE)

« L'économie c'est comme la bicyclette, elle ne tient debout qu'en avançant », Léonard de Vinci (?)

Ce chapitre vise à réécrire la théorie de la croissance économique à l'aide du modèle à investissements effectifs (MIE). La construction de MIE se greffe très naturellement sur la fonction de production à cinq facteurs.

I La fonction de production macroéconomique

La théorie régnante de la croissance se présente comme la convergence de deux courants théoriques : le modèle de Solow, poursuivi par Gregory Mankiw, David Romer et David Weil (1992) d'une part et le courant de la croissance endogène d'autre part. Le premier ajoute le capital humain à la fonction de production, envisagé sous l'angle de la qualité du facteur travail. Le second traite le progrès technique comme un investissement soumis à un calcul de type coûts-avantages en incertitude. Avec les modèles de Charles I Jones et Paul Romer[17], il se cristallise en un quatrième facteur, l'agrégat des procédés techniques A.

---

[17] Paul Romer, (1990), Endogeneous Technical Change, *Journal of Political Economy* et Charles I Jones (1995), Théorie de la Croissance Endogène, De Boeck Université, sont les deux promoteurs des modèles dits « à accumulation d'idées ».

La fonction de production macroéconomique met en œuvre désormais quatre facteurs de production associés deux par deux : le capital physique et les idées ou procédés technologiques disponibles, le travail et le capital humain. Autrement dit, chaque facteur de la vieille présentation élémentaire (K et L) arrive flanqué de sa « qualité », individualisée et réifiée en un nouveau facteur à part entière (A et H respectivement).

Le modèle à investissement effectif (MIE) y ajoute ici un cinquième facteur à définir : le facteur d'organisation juridique et gestionnaire de la production O_P, représentant globalement des « protocoles ».

On entérine ainsi une équation de production de Cobb Douglas à cinq facteurs dont les progressions constituent les cinq sources de la croissance économique, soit :

Equation 1 $$Y = Op.\, L^{\alpha_L}.\, K^{\alpha_K}\, .\, (H1PR)^{\alpha_{H1PR}}.\, A^{\alpha_A}$$

où Y est le PIB, O_P le facteur d'organisation-protocole de la production, L le travail, K le capital, H1PR le capital humain professionnel et A le stock de procédés techniques accessible pour la production. Faisons l'hypothèse commode de rendements à l'échelle constants : $\alpha_L + \alpha_K + \alpha_{H1P} + \alpha_A = 1$. Le facteur d'organisation-protocole de production Op figure à part comme un multiplicateur, gonflant ou dégonflant le résultat de la combinaison productive. Cette fonction macroéconomique est l'expression originelle de la théorie de la croissance proposée par le modèle MIE. Pour une période donnée, aucune autre variable ne peut être invoquée pour donner la valeur du PIB, à la réserve près que les facteurs mobilisés auront été employés en conformité avec les désirs de leurs propriétaires, ce qui définit le plein emploi.

La fonction de production ainsi définie appelle néanmoins quelques précisions que nous donnons à propos du PIB lui-même et de chaque facteur.

I . 1 Y, la production, le niveau de vie

Ici, l'imprécision explique la précision. On saute trop souvent le problème de l'imprécision des mesures du PIB comme s'il ne s'agissait que d'une interrogation rituelle, voire folklorique[18]de l'analyse macroéconomique de la croissance. C'est d'abord l'aspect marchand ou non marchand qui pose un problème car dans toutes les sociétés, la frontière tend à se déplacer constamment du gratuit vers le payant. Ainsi par exemple, le soin des jeunes enfants ou des vieillards est massivement passé de la vie privée non mesurée au domaine public mesuré par le PIB. Il en est ainsi pour une quantité d'activités et dans la quasi totalité des pays. On obtient ainsi une croissance factice du PIB qui s'ajoute au vrai courant de production et de niveau de vie supplémentaire que l'on cherche à connaître dans la théorie. De même, quand on voit l'expansion du secteur tertiaire dans toutes les sociétés développées et par exemple la quantité de juristes, policiers, psychothérapeutes... qui s'intègrent à l'appareil productif depuis quelques

[18] On a tous en mémoire les exemples que nous donnaient nos professeurs sur l'intégration du travail « non marchand » dans les mesures du PIB ou du travail marchand devenant non marchand. Le problème s'est néanmoins beaucoup aggravé ces dernières décennies.

décennies, on doit s'interroger sinon sur l'aspect réellement productif de ce glissement mais sur la signification des chiffres en termes de niveau de vie supplémentaire. Derrière la question se place encore et de plus en plus souvent celle du caractère obligatoire[19]de certaines consommations et donc de leur intégration dans le niveau de vie mesuré. Quand la société politique multiplie les obligations de diagnostics et de procédures, quand elle impose certains équipements publics, leur entretien permanent et du contrôle réglementaire en rapport, elle génère des consommations ou des dépenses[20]auxquelles il est parfois difficile d'associer un pouvoir d'achat créateur d'utilité.

Cette remise en cause de la qualité de la mesure de PIB ne serait rien d'important ou de nouveau si les phénomènes évoqués n'avaient pris des dimensions parfois gigantesques dans tous les pays et plus particulièrement dans les pays déjà développés. Elle aboutit à une surestimation marquée de la croissance économique[21]. Il est bon que les théoriciens de la croissance en soient avertis. Ils en tireront sûrement la conclusion que le grand critère est celui du meilleur bien-

---

[19] Dont témoigne sans doute la part des dépenses publiques dans le total mais pas seulement.

[20] L'exemple du contrôle technique automobile, celui plus récent du diagnostic thermique des appartements et bien d'autres illustrent ces « dépenses obligatoires ». Pour les dépenses publiques, la mise en place de dizaines de milliers de ralentisseurs en France depuis vingt ans a-t-elle « créé ou sauvegardé des emplois » ou « sauvé des vies » selon les mythes en honneur et que signifient-ils en termes d'investissement réel ou de niveau de vie supplémentaire ?

[21] Au passage, elle explique aussi pourquoi on constate en France une paupérisation marquée d'une grande part de la population alors même que les chiffres officiels d'évolution du PIB donnés par l'Insee montrent l'inverse.

être, celui de l'utilité et de sa variation. Cette conclusion va ainsi dans le sensdu propos : ne jamais dissocier les théories du développement et de la croissance économique et reconnaître au développement et à l'utilité un rôle initiateur dans la théorie conjointe.

I . 2 Op, les protocoles

Le facteur d'organisation-protocole de la production Op est lié à ce qui précède. Il nous retiendra un peu plus de temps car c'est un agrégat nouveau[22] dans la littérature de croissance. **Il s'agit d'une série de règles appliquées, plus précisément les lois, règlements, directives et pratiques de gestion, dans tous les domaines touchant à la production.** Citons donc en vrac : le **droit** fiscal, social, patrimonial, international, environnemental, administratif, financier, bancaire, donc globalement de toute nature et de tout échelon dans les secteurs privés et publics. On additionne les pratiques de **gestion**, commerciale, financière, sociale, des ressources humaines, tous protocoles effectifs légaux ou simplement coutumiers s'imposant dans les secteurs privés, publics, mixtes... c'est-à-dire partout dans la production de biens et services. Ce sont des protocoles à respecter pour la mise en oeuvre séparée et la combinaison des quatre autres facteurs macroéconomiques. Dans l'optique du : *fais ceci, fait celà, fais pas ci, fais pas ça* ![23] appliqué à la vie professionnelle,

[22] Il est nouveau par la stricte délimitation de sa définition théorique dans la fonction de production. Il est partiellement appréhendé par des organismes comme le Cato Institute et l'Institut Frazer qui publient annuellement leur fameux « index des libertés économiques » pour les pays du monde.

[23] Une petite pensée pour la chanson de Jacques Dutronc…

la production et les administrations publiques et privées. Soulignons le fait qu'il ne s'agit pas des protocoles théoriques correspondant à des textes gravés dans le marbre mais des pratiques effectives correspondantes. Si par exemple la corruption sévit, elle s'accompagne aussi de protocoles illégaux mais quasiment obligatoires[24] en pratique.

Il apparaît que cette grandeur est la plus sensible aux actions politiques les plus spectaculaires : de l'arrivée au pouvoir des bolcheviques en 1917 jusqu'au paquet de 600 mesures de l'Argentin Javier Milei de décembre 2023 en passant par les réformes de Deng Tsiao Ping en Chine dans les années 1970-1980[25]. Pour un pays déterminé, Op n'est pas seulement sous la responsabilité des Etats mais encore sous celle des firmes, des pays étrangers et des organisations internationales. Pour la France par exemple, le faisceau des protocoles est de plus en plus soumis aux décisions et au droit de la Commission Européenne, sous l'influence parfois insistante d'organismes ou groupes de pression internationaux (lobbies), inventeurs et promoteurs insatiables de normes techniques ou éthiques. L'actualité de ce début de 2024 nous donne une occasion d'illustrer l'impact de la variable Op sur la production, plus

---

[24] Comme de glisser le billet dans le document d'identité sur les barrages de police par exemple.

[25] Ces lignes sont écrites au moment où, un peu partout en Europe, se déroulent des manifestations d'agriculteurs pour protester contre les dispositions qui ruinent la production agricole et les capacités d'exportation de l'Union Européenne face à la concurrence de pays bien moins tatillons en matière d'environnement. Reste à savoir qui a raison, des tatillons ou des non tatillons.

précisément ici sur la production agricole française. Sachant la prééminence des directives et règlements européens pour cette profession, on voit comment un ensemble foisonnant de textes ampute la capacité productive et la compétitivité d'un secteur important et en accroît les coûts de production. Au-delà de cet impact direct, la nébuleuse des textes affecte rudement l'élan entrepreneurial sur la longue période et remodèle « façon Europe » l'économie d'un pays donné.

O_p est l'agrégat institutionnel type et sa valeur reflète entre autres le caractère plus ou moins libéral ou socialiste de l'économie considérée ou celui de l'intégration mondiale. Ses rapports avec le PIB et sa croissance sont évidemment très complexes mais **O_p opère dans une grande mesure comme l'ordonnateur qui commande le système d'incitations**. L'insertion de cet immense vecteur de protocoles dans la fonction de production macroéconomique se fait ici par une agrégation symbolique analogue à celle des autres facteurs plus traditionnels K, L, H et A. Au total, c'est bien un vrai facteur qui contribue à la croissance. C'est néanmoins un facteur-vecteur dont la mesure impose une inspection détaillée et qu'il est ardu de synthétiser par le simple nombre que la théorie postule.

Le réseau des protocoles d'organisation déborde du domaine de la vie professionnelle et c'est pourquoi le facteur total d'organisation-protocoles noté **O** comporte deux parties pas totalement disjointes : le facteur **O_p** déjà défini pour la production et le facteur **O_u** à définir pour l'utilité de l'individu-consommateur. De ce dernier on reparlera lorsqu'il sera question du développement.

I . 3 K, L, H1PR, A

Nous ne présenterons pas en détail les quatre facteurs légués par l'analyse traditionnelle, nous contentant de faire à chaque fois quelques observations sur leur intégration dans le modèle MIE.

Le capital physique **K** est l'agrégat représentant le vecteur des équipements productifs : usines, matériels, outils, immeubles industriels et commerciaux, terres, ressources naturelles accessibles… rien de bien nouveau. Cependant, ayant clarifié la situation concernant le facteur d'organisation et en ayant fait un pur agrégat dématérialisé, il nous faut adjoindre au capital physique **K** les infrastructures collectives publiques et privées. Au plan macroéconomique rien ne s'oppose à ce que les équipements de toute nature soient intégrés à **K,** bien au contraire. Cela permet de mieux gérer pratiquement la mesure de **K** en postulant que la valeur des équipements publics $\mathbf{K}_{pub}$ doit être analysée à fond avant de rejoindre l'agrégat général. De même, certains éléments patrimoniaux, tels les sites et monuments[26] et les espaces naturels sauvages ou aménagés font partie de ce capital physique national ; ils entrent dans la production de biens variés : cultures humaines, loisir, tourisme, sport …

Le travail **L** est réduit au « temps d'activité professionnelle ». En sont exclus tous les aspects qualitatifs, rangés dans le capital humain professionnel. A la limite, on pourrait y associer l'« ardeur au travail »,

[26] Ils contribuent à la spécialisation économique de certains pays, de la France en particulier.

concept utilisé naguère dans les modèles de « salaires d'efficience »[27]. Dans le modèle macroéconomique MIE, cette ardeur va s'insérer comme une culture humaine collective à part entière et nous la reverrons donc plus loin.

La présentation du capital humain choisie par MIE diffère fortement de celle des auteurs qui ont créé la notion. La culture humaine professionnelle **H1PR** n'en est ici qu'un des aspects. On verra plus loin qu'il en existe bien d'autres, profitant à la croissance de façon indirecte. Ici, **H1PR** agit **directement** dans les processus productifs. Des capacités innombrables sont à l'œuvre, celles de l'ingénieur, du cuisinier, du jardinier, de l'informaticien, de l'administrateur, de l'assureur…tous les métiers contribuant directement à l'obtention du PIB en combinaison privilégiée avec le temps de travail mis en œuvre. Les revenus du travail, salarié et non salarié, rémunèrent l'emploi du facteur de capital humain professionnel conjointement à la mise à disposition des durées de travail L. Nous verrons aussi plus loin que H1PR englobe la culture générale nécessaire à l'exercice des métiers et n'est donc pas un pur reflet de la technicité au travail.

H1PR est un vecteur de cultures humaines professionnelles différentes regroupées en un ensemble unique pour les besoins de la bonne cause théorique. La délimitation plus

---

[27] Les modèles « à salaire d'efficience » ont été développés dans les années 1970, principalement aux Etats-Unis. Ils insistent sur la nécessité de mobilisation effective du travail et pas seulement sur le nombre d'heures qui lui sont consacrées. Ils décrivent aussi les stratégies menées par les firmes pour obtenir des travailleurs une meilleure efficacité productive.

stricte de cette culture humaine professionnelle rend encore sa mesure plus difficile. Une notion ancienne plus vague de « capital humain » autorisait des évaluations à partir des données scolaires sommaires, notamment le nombre moyen d'années d'études ou les taux de scolarisation. C'étaient autant de facilités, souvent déplorables, que le modèle MIE permet moins, sacrifiant sur l'autel de la clarté théorique[28].

Le stock d'idées et de procédés disponibles **A** est l'agrégat qui reflète le niveau technique d'une économie. Il est partiellement constitué en interne selon les efforts faits par le pays en termes de recherche mais il peut aussi venir de l'extérieur quand le pays bénéficie des transferts de technologie. Selon que les pays figurent sur la « frontière » technologique ou assez loin de celle-ci la proportion construction-transferts varie, les pays les plus avancés tirant un plus grand profit de leurs propres investissements et les pays en retard des transferts de l'extérieur. Mais les deux chemins coexistent, même pour les pays leaders qui bénéficient aussi des progrès techniques étrangers. Ils les obtiennent parfois par des actions internationales de prédation associées à leur puissance. On devine que la culture scientifique, une forme particulière de culture humaine, sera directement impliquée dans ces deux manières d'acquérir le progrès technique.

Dans le modèle MIE, le progrès technique **A** est donc endogène car il s'obtient par des actions spécifiques et à

[28] Pour des études empiriques plus saines, rien n'interdirait pourtant d'imaginer des indicateurs de compétence professionnelle ailleurs que dans les mesures grossières de scolarisation, par exemple des classements de compétence par métier.

partir d'une culture scientifique indispensable, quel que soit le chemin prédominant pour un pays, la construction ou l'acquisition-transfert. Rien ne s'obtient sans rien et pas plus le progrès technique qu'autre chose. Enfin, précisons que si le facteur O_p préside aux protocoles juridiques et gestionnaires d'organisation de la production, c'est A qui prend en charge **l'organisation technologique** optimale des facteurs de production.

I . 4 Mise en place de la fonction de production

Revenons à : $Y = Op. L^{\alpha L}. K^{\alpha K} . (H1PR)^{\alpha H1P}. A^{\alpha A}$.

Les facteurs retenus Op, K, L, H1PR et A sont désormais au complet. Ils sont *a priori* à égalité dans la course à l'efficacité. Au vu des rares évaluations existantes et s'agissant des quatre derniers, leur impact sur le PIB total est à peu près comparable, avec peut-être un léger avantage relatif aux facteurs L et H1PR ; pour les économies très développées comme les Etats-Unis, leur contribution et/ou leur rémunération conjointe, naguère appelée « part du travail », est aux alentours de 60 %. Les deux autres facteurs, K et A, contribuent et reçoivent donc conjointement de l'ordre de 40 % du PIB, la somme des α_i étant par construction fixée à 100%.

La cohérence mathématique de la fonction de Cobb-Douglas, associée à l'hypothèse de rémunération au « produit marginal », s'exprime par le fait que les quatre facteurs se partagent le butin. Dès lors et très logiquement, le facteur Op d'organisation-protocole n'est pas rémunéré. Il fait seulement varier la production de façon exogène.

Cette présentation et sa conclusion sont intuitivement satisfaisantes dans la mesure où le facteur Op est celui pour lequel la notion du plus ou du moins est sans réelle signification *a priori*, son efficacité vis-à-vis de la production Y étant à la fois sa contribution et sa mesure.

Ainsi, la fonction de production macroéconomique de Cobb Douglas à cinq facteurs est l'expression décisive mais superficielle de cette théorie unifiée de la croissance. Décisive, car normalement aucun autre facteur explicatif direct de la production ne peut ultérieurement être recherché pour déterminer les évolutions du PIB. Superficielle néanmoins, car elle n'a pas encore englobé les mouvements de ces facteurs et ce qui les cause en chaînes successives dans ce mouvement de long terme que l'on qualifie de « dynamique de la croissance ».

Avant d'en arriver à l'étude des mouvements, il convient de réfléchir à cette fonction de production sous l'angle de la stabilité.

En parlant de stabilité géographique, nous ouvrons la discussion sur la valeur des fonctions macroéconomiques de production entre les pays. Il est clair qu'il n'y a pas « une » fonction valable pour tous les pays de la planète. La nature même des biens et services produits diffère d'un pays à l'autre et les dotations des quatre facteurs classiques K, L H1PR et A à un temps t reflètent cette diversité. **Il n'y a pas de fonction « mondiale » de production.** Par sa nature même le facteur O_p est également contingent, y compris dans sa définition.

Pour la stabilité dans le temps, c'est évidemment la même chose ; comme les productions de biens et services évoluent dans leur composition sectorielle, la manière globale de les produire est également mouvante.

II La dynamique de croissance

La logique mathématique veut qu'avec une fonction de Cobb-Douglas généralisée, **le taux de croissance du PIB soit la combinaison linéaire des taux de progression des facteurs,** c'est-à-dire celle des investissements nets (en pourcentage) réalisés pour chacun et pour l'indice d'organisation. Les pondérations des croissances des facteurs dans la combinaison sont exactement les « paramètres-puissance » de ces facteurs dans la fonction de production. En outre, si la grandeur jugée la plus pertinente est plutôt le taux de croissance du produit par tête d'habitant, on doit soustraire le taux de progression de la population dLogN, les différences logarithmiques représentant les taux de croissance. Ainsi, partant de l'équation : $Y = Op.\ L^{\alpha_L}.\ K^{\alpha_K}.\ (H1PR)^{\alpha_{H1PR}}.\ A^{\alpha_A}$, qui exprime la fonction de production, on aboutit très vite à la relation différentielle :

Equation 2

$$\mathbf{dLog\,(Y/N) = dLog\,Op + \alpha_L\, dLog\,L + \alpha_K\, dLog\,K + \alpha_{h1PR}.\ dLog(H1PR) + \alpha_A\, dLog\,A - dLogN}$$

Le taux de croissance du produit par habitant est bien une combinaison linéaire des taux de croissance de l'organisation, du travail, du capital, de la culture humaine et du stock d'idées-procédés utilisé. Le taux de croissance **n** de la population **N** vient en déduction de celui du PIB.

Arrêtons-nous un instant à cette toute dernière remarque relative à la démographie. Le signe négatif pour n, le taux de croissance de la population, ne donne pas une idée exacte mais plutôt une idée fausse du lien entre la croissance économique et la dynamique démographique. En effet, cette dernière s'inscrit un peu partout dans l'évolution des autres facteurs et le plus souvent comme un élément **accélérant** la croissance. On pense déjà tout simplement à l'accroissement corrélatif de la force de travail L mais l'affaire est loin de se limiter à ça.

Cette parenthèse étant provisoirement fermée, l'équation 2 expose la forme habituelle de la comptabilité de croissance pour le PIB par habitant mais en exprime désormais la théorie *a priori*. La dynamique rétrospective de la croissance de Y ne s'arrête d'ailleurs pas là. La progression de chacun des cinq facteurs, représenté par son taux d'investissement net, doit à son tour faire l'objet d'hypothèses théoriques éclairant chaque processus d'investissement et par ricochet la croissance du PIB elle-même. La théorie détermine donc non seulement quelles sont les bonnes raisons d'investir mais encore les **conditions des investissements effectifs** dans les cinq grandeurs Op, K, L, A et H1PR. MIE devient ainsi une théorie généralisée des investissements et se présente en une métathéorie englobante de la croissance économique.

Tableau 1 **Les fonctions d'investissement des facteurs**

1) Croissance de l'organisation (protocoles-institutions)

dLog Op(t) = F_o (Adm, Ouv, H2ER, H4C, H5PU, H8SU, H10Pa,AE)

2) Investissement en capital physique K(t)

dLogK(t) = Fk {[f^e [Op. (α_K). L^{α_L}. $H1P^{\alpha_{h1P}}$. A^{α_A}. $K^{(\alpha_{K-1})}$ – Tax], H2ER, H3SC, (Ouv x H5PU), δ_k, QPC, H8SU, Adm, K_{pub}, Y}

3) Investissement en capital humain professionnel H1PR

dLog H1PR(t) = F_{H1P} { [f^e_{H1} [Op. (α_{h1P}). L^{α_L}. A^{α_A}. K^{α_K}. $H1P^{(\alpha_{h1P}-1)}$, Tax] , $H1P_{-1}$, H2ER, Kpub , Adm , AE, QPC,H6V, H7SA, H8SU, H9p, H10Pa,Ouv, dLogK, dLogA, Y, δ_{h1}}

4) Investissement en progrès technique A

dLogA(t) = F_A {f^e [Op. (α_A) L^{α_L}. $H1P^{\alpha_{h1P}}$. K^{α_K} . $A^{(\alpha_{A-1})}$, Tax], H2ER, H3SC, A_{pub}, Ouv, Kpub Y, H5PU}

5) Offre ou mobilisation du travail L

dLogL(t) = F_L {f^e[Op. (α_L). $H1P^{\alpha H1P}$.$A^{\alpha A}$. $K^{\alpha K}$. $L^{(\alpha L-1)}$), Tax], dLogH1PR, Adm, QPC, H4C, H5PU, H6V, H7SA, H10Pa, Ouv, Démo, Y }

Y, la production ou le revenu; K, le capital physique ; L, la quantité de travail ; A, l'agrégat des techniques ; Op, le facteur d'organisation-protocoles ; H1PR, la culture humaine de production ; H2ER, la culture entrepreneuriale et de prise de risque ; Tax, la variable fiscale ; Kpub, les équipements publics ; Adm, la qualité administrative ; Ouv, l'ouverture extérieure ; AE les progrès de gestion ; H3SC, la culture scientifique ; H4C, la culture de croyance ; H5PU, la puissance ; H6V, la volonté de réussite ; H7SA, le capital-santé ; H8SU, la culture de sûreté ; H9p, les cultures privées ; H10Pa la culture de participation; QPC, la qualité de la politique conjoncturelle; δk le taux de dépréciation du capital physique et Apub les investissements publics de recherche.

Les fonctions d'investissement net sont décrites dans le tableau 1 ci-dessus. A chaque fois, l'horizon annuel est pris en compte et ces fonctions sont tout simplement identiques à celles que l'on bâtit habituellement dans les modèles d'équilibre macroéconomique pour cette courte durée.

Le tableau regroupe les fonctions de taux de croissance proposées pour les cinq facteurs ; pour la dernière, relative à L, il s'agit de l'offre de travail, c'est à dire la quantité de travail mobilisée au plein emploi (qu'elle définit). Le détail de la plupart des influences a déjà été fourni dans Bernard Landais, (2020b). La présence de nombreuses variables de culture H s'expliquera naturellement au cours du chapitre suivant dans « Une théorie culturelle de la croissance ». A remarquer pour l'instant que ces variables H exercent une influence toujours positive sur les investissements.

Il est classique mais simplificateur de superposer les cinq équations d'investissement des facteurs comme s'ils étaient en évolution séparée. Dans le monde réel, notamment pour la production de biens nouveaux, les projets d'investissement sont souvent mixtes, impliquant une progression nette de plus d'un facteur à la fois[29]. Ainsi, un programme d'usine nouvelle embrasse un surcroît de capital physique mais souvent aussi une demande de culture professionnelle spécifique supplémentaire et un recours à de nouveaux procédés et à de nouveaux travailleurs. Les risques et les profits attendus du projet sont donc encore plus complexes que dans les définitions des investissements du tableau 1. Chaque projet met en jeu une combinaison

[29] C'est évidemment plus vrai pour K et A que pour L et H1PR.

spécifique des équations d'investissement de (2) à (5) et certains mêmes, les plus spectaculaires, font appel à une adaptation du droit[30].

Les actions d'investissement sont toujours des **applications aux marges** de la fonction de production. Le pluriel se justifie ici parce que tout nouveau projet concrétise à la fois la combinaison des facteurs dans un secteur particulier, avec des paramètres α_ι se différenciant forcément de ceux des autres secteurs et la combinaison supplémentaire la plus récente dans le temps. Ceci pose deux types de questions familières à l'économiste, celle de la qualité de l'agrégation des facteurs et celle de la stabilité temporelle de la fonction macroéconomique de production.

La dynamique de croissance de la production opère donc à partir des mécanismes impliquant les investissements sensibles en facteurs (tableau 1). Ces investissements s'appuient sur la **rentabilité des projets**, représentée par les expressions « f^e [ ] » dans les équations. Il s'agit des productivités marginales ou **rendements anticipés**, la fonction choisie f^e étant la fonction de densité de probabilité correspondante.

Contrairement aux vieilles théories stagnationnistes et en particulier à la théorie marxiste, la théorie néoclassique est plutôt optimiste quant aux limites de croissance à long terme. Cet optimisme vient de la complémentarité relative des facteurs de production. Pour le comprendre, considérons simplement que le rendement des projets

[30] Songeons pour la France à la production d'énergie, confrontée aux règles européennes.

d'investissement impliquant un facteur particulier X est lié à la productivité marginale de ce facteur. Or, la simple lecture d'une expression mathématique de productivité marginale, figurant chaque fois entre crochets dans les expressions mathématiques du tableau 1, fait apparaître l'élément clef de la dynamique : la progression quantitative des autres facteurs complémentaires à X joue positivement sur la rentabilité de ce facteur X et permet de la recharger indéfiniment sans la fameuse et si redoutée « baisse tendancielle » du taux de profit ; c'est bien ce qui se passe en pratique. Le chassé-croisé des progressions de facteurs donne à chacun d'entre eux des perspectives de rentabilité et d'essor quasi illimité, lorsque notamment la fonction de production macroéconomique est homogène de degré un ou supérieur à un. Toutes les études empiriques consacrent cette hypothèse en faisant apparaître des rendements marginaux largement positifs pour toutes les catégories de facteurs, capital physique, niveau technique, travail et culture humaine professionnelle H1PR.

Suit une panoplie de variables choisies au coup par coup pour leur vraisemblance spécifique et beaucoup de cultures diverses sont agrées sur cette base. A noter aussi la présence d'une variable de conjoncture symboliquement ramenée à Y, le PIB ou le revenu au temps t.

III Investissements effectifs et conjoncture

Le fait d'énumérer ces fonctions des investissements en facteurs de production est déjà une justification du terme « effectif » de l'acronyme MIE. Mais ce qu'elles révèlent aussi c'est l'imbrication des horizons de court et de long terme qui fait que la tendance de croissance à long terme n'est qu'une succession de performances à court terme. Les perturbations, retards ou à l'inverse les accélérations de la dynamique économique effective se lisent comme des étapes d'investissements inégaux et d'inégale croissance sans qu'une quelconque tendance à la correction spontanée ne se manifeste dans les temps qui suivent[31]. La tendance se lit seulement *a posteriori.* Si une année de récession ralentit la progression du PIB (Y) elle ralentira aussi les investissements d'au moins quatre facteurs (K, L, A et H1P) cette année-là[32] et parfois des suivantes, avec des répercussions largement irrattrapables sur le score tendanciel de la croissance économique.

Les fonctions du tableau 1 sont valables aussi bien à long qu'à court terme et elles pourraient tout aussi bien figurer dans un modèle de fluctuations. Quatre d'entre elles (sauf O_p) comportent une variable explicative « Y » qui rend compte de ces considérations, à l'image de ce que Keynes appelait la « demande effective ». Pourtant si l'on investit moins une année donnée, ce n'est pas seulement une question de demande globale mais encore le reflet des

---

[31] D'où le caractère artificiel des procédures économétriques avec tendance et « correction d'erreurs ». Ces procédures sont tautologiques **après-coup, sur données du passé,** mais dangereuses pour les prévisions.

[32] Songeons par exemple à l'année 2020, l'année du Covid et aux baisses d'investissement de toutes sortes y compris celles du capital humain par la fermeture des écoles. On est certes revenu à de meilleurs niveaux dans les années suivantes mais cette année-là pèsera longtemps, sinon toujours, dans les scores de croissance de nombreux pays. La notion de rattrapage est lénifiante mais elle doit se prouver sur le terrain, au coup par coup.

fluctuations des anticipations du rendement attendu, anticipations de profit immédiat comme anticipations de profits futurs. Les anticipations de rendement, c'est-à-dire les fonctions $f^e(\;)$ évoquées plus haut, varient pour de nombreuses raisons d'une année sur l'autre : chocs exogènes de coûts, tensions observées sur certains marchés, pessimisme financier… par conséquent en liaison avec l' expansion économique prévue pour le futur immédiat ou, s'agissant ici des investissements, pour le moyen terme[33].

Par conséquent, parce ce qu'il passe par les taux d'investissement effectivement réalisés, le Modèle MIE incorpore pleinement l'analyse des déséquilibres et des crises dans celle du processus de croissance.

IV Orientation des contraintes du modèle MIE

Dans le modèle MIE, on voit que le plus fort taux de croissance du PIB est atteint de façon imparable par la maximisation conjointe des fonctions d'investissement. Dès lors, les obstacles sont momentanément invisibles et l'impression créée est celle d'une sorte de « free lunch » pour la croissance. Dès lors, il est évident qu'on doit appeler « contrainte » ce qui limite le rythme de l'investissement dans tous les domaines.

La réflexion portant sur les pays bénéficiant de la rente pétrolière (EAU, Arabie, Qatar…) serait très utile avant d'aborder ce problème puisqu'*a contrario*, ces pays ne sont

---

[33] Voir mon « Macroéconomie Efficace », Bernard Landais (2020b).

justement pas limités pour les moyens d'investir, en raison de leur richesse de départ et de leur capacité à importer les facteurs nécessaires et les cultures en cas de besoin. C'est ce qui fait leur force mais cela se traduit aussi à terme par une production « nationale ? » de structure particulière (quid de L et surtout de H1PR ?) et de grande fragilité géopolitique. Le point d'interrogation portant sur le caractère national vient de ce que ces pays atypiques deviennent des pôles de concentration et de contrôles spécialisés de quelques productions mondiales : financières, logistiques, médiatiques voire de recherche. C'est ce qui en fait des structures géopolitiques fragiles.

Si l'on revient au problème qui se pose pour la plupart des autres nations et qu'on se réfère à la théorie néoclassique traditionnelle, celle de Robert Solow par exemple, la même impression superficielle de « free lunch » prévalait d'emblée. Pourtant, pour ce modèle, ce qui limite l'intensité de l'investissement est la fonction de consommation, le fait que les consommateurs cherchent à maximiser leur utilité par des séries de consommations les plus fortes possibles réparties sur la durée entre maintenant et le futur. Le modèle de Solow faisait une petite place à ce dilemme en assénant arbitrairement un taux **« s »** exogène, dit fautivement « taux d'épargne ». Le modèle de Ramsey-Cass s'est voulu plus subtil mais le taux d'investissement-épargne endogène qu'il détermine est obtenu à des conditions totalement irréalistes, celles d'un individu consommateur-producteur représentatif qui sait tout du futur et qui décide d'emblée de son rapport consommation-épargne en fonction d'une

« préférence pour le temps» fixée *a priori* une fois pour toutes.

Pour MIE, l'équivalent de cette contrainte est à rechercher dans une fonction d'utilité. Dans la version réaliste du modèle, cette fonction d'utilité, déployée dans ce livre u chapitre IV, en aval du modèle de croissance MIE, est beaucoup plus complexe que ses devancières. A la suite des travaux de Gary Becker, la contrainte de temps disponible est présente dans le calcul d'optimum mais accompagnée ici de beaucoup d'autres variables : les biens disponibles pour leur consommation, les actifs possédés par les ménages, les éléments d'utilité tirés de la transmission générationnelle des cultures, les pressions subies par les individus dans leur vie courante, leur consommation et leur travail. Pour couronner le tout, les dotations de cultures diverses et les mentalités sont également impliquées, ces dernières formant et déformant la fonction d'utilité elle-même[34]. Cette dernière est donc le creuset de décisions qui limitent et orientent les investissements en facteurs [fonctions (2) à (5) du tableau 1]. Ainsi, la fonction d'utilité et les conditions du vrai développement qui lui sont associées sont situées en amont des choix d'investissements en facteurs. Si par exemple un entrepreneur change de mentalité et de fonction d'utilité personnelle, se laissant gagner par l'attrait pour la *dolce vita*, il mènera moins de

---

[34] U = U (Y(1-t), TNP, PAT, H, O_u, Pres), la fonction mise en place au chapitre 4 conviendra, avec : **Y** le Pib, **t** le taux de prélèvement, **TNP**, le temps non professionnel, **PAT** le patrimoine physique des ménages, **H** le vecteur des cultures humaines et des mentalités, **O_u** les protocoles d'utilité, **Pres** les pressions subies.

projets d'investissement et consacrera ses moyens en temps et en argent à financer ses menus plaisirs. De même, si l'évolution des mentalités tend à réduire ou même annuler le désir d'enfants, elle aura un impact négatif sur la transmission des cultures utiles à l'accumulation et à la production au plan macroéconomique sur la longue période.

Ainsi, la croissance économique et le développement, exprimés respectivement par la fonction de production macroéconomique et la fonction d'utilité-développement sont enchaînées l'un à l'autre sans qu'on puisse déterminer laquelle est l'amont et laquelle est l'aval. L'habitude et la facilité d'exposition expliquent que l'on commence par la croissance économique, sachant aussi que depuis la nuit des temps les hommes se sont souciés de leur nourriture et de leurs biens essentiels avant même de penser à leur bonheur.

V Croissance et mesures

Les discussions engagées au cours du premier chapitre avaient fait apparaître que la recherche obsessionnelle de mesure économétrique avait pollué l'aalyse théorique. Pour autant, le modèle à investissement effectif peut aussi se prêter à toute une gamme de tests économétriques tout à fait souhaitables. C'est le Tableau 1 qui en fournit la trame**, les fonctions d'investissement des cinq facteurs constituant le modèle économique de base à estimer.** Rien ne dit que ce soit facile en pratique pour chaque facteur, sans doute un peu plus pour le travail L et le capital physique K dont les variations sont directement mesurables année après année. Les autres, H1PR, A et O_p sont plus délicats à manier. Côté variables explicatives, on retrouve la même différence entre des grandeurs plus ou moins accessibles à la mesure. Les rendements comme les taux de profits sont plus ou moins à portée, même s'il n'est pas toujours aisé de remonter des taux de profit observés aux taux de profit **anticipés** qui fondent les comportements[35]. Bref, sans entrer dans les détails, on retrouve avec MIE les mêmes possibilités et les mêmes difficultés d'estimation que celles des modèles économétriques des équations « de potentiel », sans doute encore accentuées par l'introduction des variables culturelles difficilement pondérables.

On pourrait néanmoins soutenir l'idée paradoxale suivante : le modèle MIE se prête théoriquement mieux que le modèle standard à la réfutation économétrique. Contrairement au modèle standard qui ne s'appuie que sur la fonction de production et qui ne peut être réfuté qu'en raison d'elle, le modèle MIE forme des hypothèses sur les deux piliers superposés : la fonction de production mais encore, enchaînées logiquement, les équations d'investissement. C'est donc un modèle plus complexe mais théoriquement plus réfutable, du moins dans le détail de ses implications.

Pour poursuivre et de façon plus concrète, les idées qui sont derrière ce modèle MIE et tout particulièrement la grande importance accordée aux variables culturelles, peuvent être testées de plusieurs façons. Tester les fonctions

---

[35] Victor Zarnowitz s'était déjà heurté à ce problème dans ses estimations de fonctions d'investissement en capital physique. Voir Zarnowitz (1999) : « Theory and History Behind Business Cycles : Are the 1990's the Onset of a Golden Age » NBER WP.

d'investissement des facteurs est une « voie royale », la plus pure sur le plan théorique car indirectement elles contiennent toute la théorie. Mais il n'est pas interdit ni humiliant de la faire précéder par des estimations de la fonction globale de croissance « à la Barro et Sala i Martin » en faisant entrer dans le potentiel les variables phare du modèle culturel. Il ne s'agira alors que d'une évaluation modestement inachevée, préparant la « voie royale »[36], à portée explicative, celle des travaux sur les équations d'investissement.

VI La dynamique de croissance sur le très long terme

VI. 1 . Compte à rebours

Dans les pages précédentes nous avions mis en branle la machine à remonter le temps pour la production. Partis de Y, le PIB, le voyage à rebours nous a menés au pays des facteurs de production, au nombre de cinq, qui le précédaient immédiatement. Puis, toujours en remontant, nous voyons dans le tableau 1 une grande quantité de variables expliquant la progression ultérieure des facteurs : rendements, cultures, actions publiques, faits de nature. Certaines de ces variables viennent de plus loin encore, des époques plus anciennes où elles se sont constituées elles-mêmes laborieusement.

[36] Cette proclamation volontariste ne doit pas faire illusion cependant. Les cinq relations proposées par le modèle ne représentent que très schématiquement les projets et actions concrètes d'investissement, souvent mixtes, de l'entrepreneur, de l'état ou des ménages.

Les rendements bruts, associés aux productivités marginales, se sont probablement rechargés d'eux-mêmes dans le chassé-croisé permanent des facteurs. Soulignons une fois de plus que c'est ce qui explique l'absence de baisse tendancielle de taux de profit. Seuls les taux de prélèvement et l'attitude de plus ou moins grand optimisme[37]des entrepreneurs ou décideurs pourront expliquer une variation plus ou moins favorable des perspectives de taux de rendement des facteurs, perspectives cruciales pour en déterminer le taux d'investissement.

D'autres variables explicatives des investissements des facteurs suivent des sentiers aléatoires ou sont des états de nature qui ne prennent pas systématiquement des chemins montants ou descendants sur la longue période.

Enfin et c'est probablement la majorité d'entre elles, les variables H regroupées sous label de capital humain et dispersées en diverses « cultures humaines » font l'objet d'accumulation progressive à l'instar des facteurs productifs et évoluent par l'accumulation et la transmission. Ainsi, en remontant dans le passé pour chercher les causes de la croissance du PIB contemporain on prend conscience d'une cascade de périodes au cours desquelles le produit

[37] L'optimisme est une mentalité, une culture humaine particulière nécessaire à l'action productive (le paysan qui sème pour l'année suivante doit y croire un peu) et aux initiatives typiquement entrepreneuriales. Une partie du déclin des sociétés occidentales contemporaines s'explique par la montée d'un pessimisme systématique.

dépend des facteurs, les facteurs des variables puis les variables d'autres variables et ainsi de suite.

Dès lors, la théorie de la croissance et aussi celle du développement économique apparaissent comme l'affaire des historiens des faits économiques, des mentalités et des cultures. De très bons exemples de la littérature corroborent ce constat comme ceux fournis par le livre de David Landes, « *Richesse et pauvreté des nations* »[38] ou celui d'Angus Maddison[39] intitulé « *L'économie mondiale, une perspective millénaire* ». Une théorie générale de la croissance économique n'existe que si elle peut coller aux évolutions historiques et les interpréter logiquement. C'est ce que veut réaliser le modèle MIE sur la très longue période en donnant un cadre logique à l'investigation historique selon le schéma de remontée dans le temps décrit ci-dessous.

VI. 2 Le déroulement à long terme

La carte des implications de la maquette dynamique ci-dessous (Tableau 2) apparaît comme l'expression achevée de la théorie de croissance du modèle MIE. Cette maquette illustre la remontée aux causes de plus en plus lointaines de la croissance économique. Au temps t, en bas, le taux de

---

[38] David Landes (2000) : « Richesse et pauvreté des nations », traduction française chez Albin Michel. Pour des personnes qui ne pourraient consacrer que peu de temps à acquérir la **théorie** de base de la croissance économique cet ouvrage peut être recommandé sans hésitation. C'est un récit profond et agréable de la croissance passée.

[39] Angus Maddison (2001) : « L'économie mondiale : une perspective millénaire », publiée par l'OCDE.

croissance du PIB par tête est la combinaison linéaire des variations des cinq facteurs et de la croissance de la population N, en négatif. Au niveau t-1 ce les fonctions d'investissement de quatre facteurs (K, L, H1PR et A) et celle de la variation du facteur organisation-protocole de production O_p expliquent les valeurs atteintes par ces facteurs en utilisant toutes les variables Aux niveaux t-2, t-3, t-4, symboliquement **condensés en t-2**, on explique comment et sur quelles bases ces variables se sont formées par le passé. On peut cheminer ainsi de périodes passées en périodes plus lointaines encore et comprendre la logique de long terme de MIE. C'est un enchaînement ordonné mais sans fin de variables explicatives influençant d'autres variables pour finir par construire de nouveaux facteurs de production et un PIB en mouvement.

Tableau 2

Maquette du modèle MIE pour le long terme

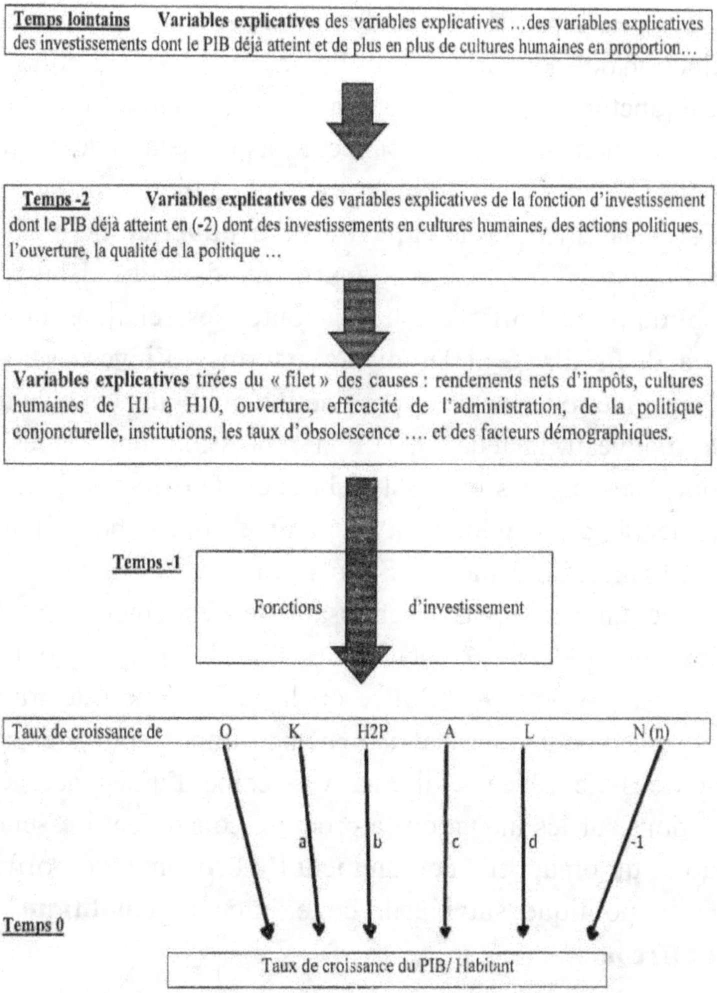

VII Politique de croissance, politique de l'offre élargie

Les questions de demande nécessitent en permanence l'action des pouvoirs publics par la qualité de leur politique conjoncturelle (QPC) sécurisant le flux des investissements et soutenant ainsi la croissance. Mais l'essentiel de l'action politique pour la croissance économique passe par l'accroissement de la **capacité de production** de biens et services en long terme. Sans entrer dans les détails, la politique de l'offre est liée à toutes les relations où les grandeurs dirigeant les diverses formes d'investissement peuvent être influencées par l'action publique. On a vu que le nouveau facteur Op est l'expression des règles et pratiques privées et aussi publiques. C'est sans doute le levier le plus rapidement disponible pour « booster » la croissance. L'école « Supply Side »[40]y ajoutait des réductions d'impôts accroissant le rendement net des investissements des facteurs H1PR, de A et surtout du capital physique K. L'offre ou la mobilisation du travail dépend encore des salaires nets d'impôt comparés aux sources de revenus alternatives come l'assistance. Ces actions sur les incitations à produire constituent l'essentiel de ce qu'on appelle couramment l'« économie de l'offre » et la politique suivie sur cette ligne la **« politique de l'offre ».**

---

[40] Voir l'ouvrage clé de Georges Gilder (1981) intitulé « *Richesse et pauvreté* », traduction française Albin Michel et Kristol, Irving (1978) : « *Two Cheers for Capitalism* », New York, Basic Books.

L'économie de l'offre au service de la croissance ne se limite pas à cela : le capital public K_{pub} et la recherche publique sont impliqués ainsi que toutes les cultures humaines composant le capital humain qui jalonnent le parcours de croissance sur la longue période. L'entrée en force de ces éléments dans la théorie de la croissance fera l'objet de nos réflexions du chapitre 2. Dès lors, La politique de l'Offre s'étend considérablement pour en tenir compte et devient la **« politique de l'offre élargie ».** Elle étendra encore bien plus son champs d'action pour l'utilité et du développement que nous verrons au chapitre 4. On évoquera alors la **« politique de l'offre très élargie ».**

VIII Stabilité du modèle de croissance

Les fonctions de production macroéconomiques ont été signalées comme instables à la fois géographiquement et dans le temps. Ceci doit conduire à entourer leur utilisation de multiples précautions, par exemple ne pas comparer des pays n'ayant pas la même structure globale de biens et services produits ; l'idéal serait de travailler pays par pays ; de même il serait bon de ne pas rendre inamovible la fonction de production qu'on utilise en l'appliquant à des périodes trop longues[41]. Il n'est pas certain que ces précautions soient souvent prises en pratique car elles

[41] Ce problème n'est pas nouveau. La littérature empirique montre clairement le glissement des paramètres α_i, quelle que soit la fonction choisie. On a observé que les « parts de revenu » qu'ils représentent dans la répartition fonctionnelle ne cessent d'évoluer en tendance. Une première réaction à ces phénomènes d'instabilité est de prendre les précautions dont nous parlons ici.

s'opposent à la saine exploitation de la loi des grands nombres. Mais combien d'études empiriques de croissance sont entreprises sans aucun souci de ce genre ?

Dans le modèle MIE, les équations de base sont les équations d'investissement pour les cinq facteurs. Aux problèmes d'instabilité géographique et temporelle déjà cités, va s'ajouter la question des différences de système économique. Par exemple, on sait que le pourcentage des investissements publics en capital physique est l'un des indicateurs du système socio-politique. La fonction globale d'investissement doit en tenir compte. ; de même, l'accumulation effective du capital humain professionnel H1PR diffère selon les pays en fonction de la mainmise complète ou partielle du secteur public d'éducation qui calibre et oriente ces investissements globaux en capital humain ; et il y a bien d'autres spécificités nationales.

Mais la critique va plus loin car les manières d'initier les projets, de mesurer les risques, de financer les investissements des facteurs diffèrent selon le système économique en vigueur. Dans un monde de très grandes entreprises mondialisées en position de monopole ou oligopolistiques, les investissements massifs en capital physique ou en technologie coulent plus facilement de source sans provoquer chez les dirigeants économiques responsables les mêmes « sueurs froides » que dans un monde de libre propriété privée avec toute la gamme de grandes, moyennes et petites entités. Les qualités demandées aux dirigeants sont donc différentes. Dans le cas oligopolistique par exemple, la plupart des décideurs sont dans la position confortable de planificateurs socialistes, appuyés sur toutes les collusions utiles, institutionnelles et financières pour que leur projet d'investissement soit un succès pour eux[42]. Dès lors, la fonction N°2 expliquant les investissements en capital physique dans le nouveau cadre oligarchique se présente bien différente de celle du modèle capitaliste-libéral à l'ancienne. Nous reverrons ces points plus loin en examinant le rôle des variables culturelles pour la croissance et en montrant la nécessité de réintroduire la discussion sur le système économique. Pour l'instant admettons l'idée que les fonctions d'investissement des quatre facteurs sont contingentes et que le facteur Op n'est pas seul à rendre compte de ces contingences.

Conclusion

Le Modèle à Investissement Effectif (MIE) est un méta-modèle de croissance économique s'enchaînant comme suit.

Il existe une fonction de production macroéconomique à quatre facteurs : le capital physique K, l'agrégat des idées et procédés technologiques applicables A, le travail L et la culture humaine professionnelle H1PR. Dans l'esprit des modèles anciens, les quatre facteurs précédents se regrouperaient deux par deux (A avec K et H1PR avec L) en associant les facteurs capital et travail à leurs qualités

[42] Les dirigeants politiques sont séduits par ce côté « lettre à la poste » de ce système oligarchique qui leur donne un rôle valorisant et l'impression de tout maîtriser comme des joueurs de Monopoly. On l'a observé notamment au moment du covid et des marchés européens pour les vaccins.

respectives, le niveau technique et la culture humaine professionnelle.

Un curseur d'efficacité générale Op qui regroupe tous les éléments du droit et de la gestion privée et publique sous un vocable plus général de « protocoles » s'introduit comme un facteur à part entière. Ce vecteur s'exprime dans la fonction macroéconomique comme un coefficient gonflant ou dégonflant le produit obtenu.

De la fonction de production choisie on déduit le taux de croissance du PIB par tête à partir de la progression des quatre facteurs classiques, du mouvement de Op et du taux de croissance de la population N. **Dès lors, les cinq équations d'investissement des facteurs deviennent les cinq piliers de la croissance à déterminer attentivement**. Ces piliers ont eu besoin eux-mêmes de profondes fondations et d'avancées qu'une quantité d'autres variables contribuent à consolider de période en période, du passé lointain au passé proche, par déterminations successives.

Par rapport à la théorie standard qui ne repose que sur la fonction de production, MIE s'appuie sur deux piliers superposés : la fonction de production **et** les fonctions d'investissements ou de progression des facteurs. Elle est donc plus complexe et susceptible d'être remise en cause de plus de façons. A ce titre, elle nous semble constituer un vrai « pas en avant » dans la compréhension générale des problèmes de croissance économique.

Chapitre 3

Une théorie culturelle de la croissance

Jean Bodin : *« Il n'est de richesse que d'hommes ! »*

I Introduction

La « théorie culturelle de la croissance » est bâtie sur l'idée que les sources proches et lointaines invoquées par le modèle MIE exposée au chapitre précédent sont très largement culturelles. Peu de travaux anciens se sont autant préoccupés, ni aussi formellement, d'intégrer cette idée. Les économistes ont été généralement réticents à s'engager dans cette voie culturelle, principalement parce qu'elle s'écarte du champ de la mesure facile ; mais ce n'est pas non plus une nouveauté absolue. C'est ainsi que dans l'ouvrage de David Weill[43] consacré à la croissance, on trouve un chapitre entier consacré à cette question.

Encadré 1 **La culture pour la croissance : les éléments de David Weill**

David Weill est connu pour ses travaux sur le capital humain et tout particulièrement sur le rôle de la santé dans la croissance. Mais il est de surcroît celui qui a lancé la recherche sur le lien

[43] David Weill (2005) : « *Economic Growth* » Pearson. Cet auteur est choisi ici comme tirant le mieux le fil conducteur du raisonnement mais cela n'implique nullement qu'il fut le seul à se préoccuper de cette question.

entre culture et croissance en relayant l'excellent ouvrage historique de David Landes « Richesse et pauvreté des nations » déjà présenté en fin du chapitre précédent. Il s'inspire aussi des intuitions de Max Weber sur l'éthique protestante. Dans son livre, un chapitre s'intitule sobrement « Culture » et aborde diverses relations entre des éléments culturels au sens large et les performances de croissance.

Il articule d'emblée sa présentation autour de quatre caractéristiques individuelles de cultures pertinentes : ouverture aux nouvelles idées, convictions relatives à l'idée de travailler dur (arbitrage travail-loisir), épargne pour le futur et degré de confiance entre les gens d'une même société. Ces tendances culturelles sont parfois testées économétriquement par des équations de type Barro sur des données des années 1990. C'est ainsi que l'arbitrage loisir-travail montre une (faible) relation économétrique entre la propension à travailler dur et le niveau de revenu par tête pour un échantillon de 35 pays du monde. De même, il rapproche la valeur du taux d'investissement de la « confiance » existant au sein d'un pays, confiance manifestée par l'harmonie des relations sociales.

Il reconnaît en outre l'importance d'une notion promue par Abramovitz (1986)[44], la « capacité sociale » (*social capability*) référant aux qualités sociales et culturelles permettant à un pays de saisir les opportunités économiques. Dans ce type d'approche, la difficulté réside dans la définition précise des notions. Pour la « capacité sociale », l'indice synthétique représentant l'idée comporte quatre éléments : (1) l'expérience de la population relative à l'organisation et la gestion d'entreprises de grande taille ; (2) la familiarité des populations avec l'économie de marché, la spécialisation et l'échange ; (3) l'esprit logique plutôt que magique et enfin : (4) l'opinion dominante en faveur de la vie sur terre, le matérialisme plutôt que l'existence spirituelle. Si

[44] Moses Abramovitz (1986) « *Catching Up, Forging Ahead and Falling Behind* », Journal of Economic History.

l'on situe cet indicateur de capacité sociale, on le trouve en forte relation avec le niveau de revenu par tête dans le monde.[45]

L'auteur reprend son analyse en taux de croissance sur la période 1960-2000 et observe une bonne relation entre le taux de croissance du PIB et la « capacité sociale » calculée pour chaque pays au début de la période.

David Weill tente ensuite de déterminer l'origine et les composantes de la culture nationale. Le climat, les ressources naturelles et l'homogénéité ethnique sont successivement analysés. Par exemple, un travail économétrique, du à Alesina et alii (2003) montre que l'hétérogénéité ethnique a un impact globalement négatif sur la croissance, les pays multi-ethniques étant plutôt défavorisés en termes de produit par tête en 2000. Ce résultat est évidemment intéressant mais il ne reflète pas forcément une causalité. En effet, beaucoup de pays africains étaient d'emblée à la fois multi-ethniques et pauvres et des pays asiatiques plutôt mono-ethniques et riches. Une analyse basée sur l'évolution de l'hétérogénéité et son lien avec l'exercice du pouvoir serait sans doute plus probante. Weill évoque enfin la densité de population au km^2 avec sensiblement la même remarque sur le sens de causalité.

La fin de ce chapitre du manuel de Weill est consacrée à l'étude des changements culturels pertinents pour la croissance. Les rétroactions de la croissance et du développement sur la culture sont évoquées ainsi que l'action des gouvernements et des politiques. L'urbanisation, l'exposition aux idées étrangères et l'éducation accrue liées à la croissance économique modifient les cultures et comme le dit David Weill, les « modernisent ». S'agissant de l'action des gouvernements, Weill donne des exemples spectaculaires de politiques ayant modifié les cultures. La France est même implicitement félicitée pour son unification linguistique au 19ème siècle, la « suppression » du Provençal et du

45 Les quatre composantes citées en disent sans doute autant sur la mentalité de celui qui les propose que sur celle des pays qu'il étudie…

Breton[46]. Il cite aussi les réformes « modernes » de la Turquie de Mustafa Kemal Atatürk, exemple qui porte à la réflexion en 2024 quand on sait ce qu'il en advient depuis une vingtaine d'années. Mais naturellement, nul ne doute que les politiques gouvernementales ont de l'influence sur la culture des peuples, même si souvent leur efficacité est faible, contestable ou éphémère.

I . MIE et les cultures humaines

« Les cultures humaines composant le capital humain sont les connaissances et les sentiments qui imprègnent les individus et qui commandent leurs actions et leurs choix. Les mentalités en font évidemment partie ». Telle sera notre définition des cultures humaines dans la suite de ce chapitre.

Par rapport aux idées de David Weill, le modèle MIE intègre ouvertement les cultures humaines dans la théorie de base. Les cultures ne sont plus seulement des éléments d'appoint mais ont un rôle essentiel pour expliquer la croissance. Elles l'exercent déjà de façon visible par la présence de la culture humaine professionnelle H1PR dans

[46] Nos ancêtres disaient justement :« *Nen de ket rekis gouiet galleg aveit goulen kousket ér méz »* i.e. « *Rien ne sert d'apprendre le français si c'est pour demander à coucher dehors »*. A mon sens, Weill passe à côté des véritables raisons de cette lutte de la IIIème République contre les particularismes régionaux. Pour les républicains anticléricaux, c'était bien l'Eglise catholique qui était visée, comme ayant parie liée avec les cultures et les langues régionales : Pays Basque, Bretagne, Corse, Alsace-Lorraine. L'économie n'a pas grand-chose à voir avec cette politique. Ceci nous relie à une idée force de cet ouvrage selon laquelle l'observateur de la croissance et du développement doit s'attacher à connaître vraiment la culture des pays qu'il étudie.

la fonction de production macroéconomique. C'est la **culture d'aval type** à influence directe sur la croissance du PIB. On se souvient qu'environ 30 % de la croissance sont liés à l'expansion de ce facteur, aux Etats Unis vers 2010. Mais indirectement, la quasi-totalité des cultures humaines sont impliquées dans la détermination des investissements des cinq facteurs de production. Enfin, si l'on remonte aux périodes plus lointaines, on trouve encore des cultures dites **d'amont** qui influencent indirectement, parfois avec de longs délais, les investissements et transmissions nécessaires à la croissance du PIB dans le temps. Pour illustrer plus concrètement les premières étapes de ce raisonnement, reprenons le tableau des fonctions d'investissement des facteurs du chapitre 2 en faisant ressortir en **gras** les influences exercées par les cultures humaines d'aval selon le modèle.

Tableau 1 bis Les fonctions d'investissement des facteurs

(les influences des cultures sont mises en **gras**)

(1) Croissance de l'organisation-protocoles

dLog Op = F_o (Adm, Ouv, **H2ER, H4C, H5PU, H8SU**, **H10Pa**, AE)

(2) Investissement en capital physique K

dLogK = Fk {[f^e [Op. (α_K). L^{α_L}. **H1PR**$^{\alpha_{h1P}}$. A^{α_A}. $K^{(\alpha_{K-1})}$ – Tax], **H2ER, H3SC**, (Ouv x **H5PU**), δ_k, QPC, **H8SU**, Adm, K_{pub}}

(3) Investissement en capital humain professionnel H1P

dLog H1P = F_{H1P} { [f^e_{H1} [Op. (α_{h1P}). L^{α_L}. A^{α_A}. K^{α_K}. **H1PR**$^{(\alpha_{h1PR}-1)}$, Tax] , **H1P$_{-1}$, H2ER,** Kpub , Adm , AE, QPC,**H6V, H7SA, H8SU, H9p, H10Pa**,Ouv, dLogK, dLogA, δ_{h1}}

(4) Investissement en procédés technique A

dLogA = F_A {f^e [Op. (α_A) L^{α_L}. **H1PR**$^{\alpha_{h1PR}}$. K^{α_K} . $A^{(\alpha_{A}-1)}$, Tax], **H2ER, H3SC**, A_{pub}, Ouv, Kpub **H5PU**}

(5) Offre ou mobilisation du travail L

dLogL = F_L {f^e[Op. (α_L). **H1PR**$^{\alpha_{H1P}}$.A^{α_A}. K^{α_K}. $L^{(\alpha_L-1)}$), Tax], dLog**H1PR**, Adm, QPC, **H4C, H5PU, H6V, H7SA, H10Pa,** Ouv, Démo }

Y, la production; K, le capital physique ; L, la quantité de travail ; A, l'agrégat des techniques ; Op, le facteur d'organisation-protocoles ; **H1PR**, la culture humaine professionnelle; **H2ER**, la culture entrepreneuriale et de prise de responsabilité ; Tax, la variable fiscale ; Kpub, les équipements publics ; Adm, la qualité administrative ; Ouv, l'ouverture extérieure ; AE les progrès de gestion ; **H3SC**, la culture scientifique ; **H4C**, la culture de croyance ; **H5PU**, la puissance ; **H6V**, la volonté de réussite ; **H7SA**, le capital-santé ; **H8SU**, la culture de sûreté ; **H9p**, les cultures privées ; **H10Pa** la culture de participation; QPC, la qualité de la politique conjoncturelle; δk le taux de dépréciation du capital physique et Apub les investissements publics de recherche.

Au-delà, le scénario de la croissance économique est en perpétuel recommencement et des cultures d'amont se reproduisent en permanence, comme les sources d'un fleuve et de ses affluents. On a donc affaire à un processus à la fois historique et permanent. Les cultures « d'amont » tout comme les cultures « d'aval », plus directement impliquées dans la genèse du PIB observable, sont toujours en mouvement à n'importe quelle époque. Les cultures les plus sollicitées dans les périodes anciennes du processus sont certainement celles qui touchent aux croyances et aux mentalités. Tout au long du temps, ces variables culturelles d'**« amont »** génèrent progressivement d'autres cultures humaines d'**« aval »,** déterminants plus proches de la production qui participent plus directement aux fonctions d'investissement et à la croissance économique du temps présent. Mais la croissance n'est que rarement un long fleuve tranquille. A tous les niveaux, elle suppose des **investissements effectifs** dans les facteurs et les cultures, investissements qui dépendent de la manière dont les acteurs prennent en compte leur propre bien-être futur et celui de leurs descendants. On peut donc ranger l'altruisme générationnel comme l'une des mentalités fondatrices de la croissance, une culture humaine indispensable au progrès, qui sous-tend la notion de « règle d'or ».

Dans le tableau 3 ci-dessous, sont énumérées les cultures pertinentes composant le capital humain. Si cette liste n'est pas parfaitement exhaustive, elle s'avère néanmoins utile et même indispensable. C'est en effet dans le détail de cette grande diversité que la théorie doit chercher les apports spécifiques précis des cultures citées aux dynamiques d'investissement des facteurs de production.

Tableau 3 Le vecteur H du « capital humain » et ses éléments (cultures)

H1PR : la culture humaine **P**rofessionnelle, le niveau de qualification pour produire.

H2ER : la culture de l'**E**ntreprise et du risque ou encore la culture de liberté et de **R**esponsabilité.

H3SC : le niveau de culture **SC**ientifique, les dispositions à concevoir de nouvelles idées technologiques.

H4C : la culture de **C**royance religieuse, philosophique et d'éthique, du sentiment d'appartenance et de l'identité. C'est en outre une panoplie de mentalités liées à ces croyances : attitudes face à la vie, la mort…

H5PU : la PUissance nationale, la seule culture-capital qui n'a de sens qu'au niveau global. Outre les connaissances et les sentiments, elle intègre bien sûr une grande quantité de capital matériel et même d'atouts physiques collectifs délivrés par la géographie et l'histoire.

H6V : la **V**olonté personnelle de réussite. Il s'agit d'une mentalité particulière utile à la productivité économique et sociale de l'individu.

H7SA : la **SA**nté et/ou sa perception dans le contexte d'environnement qui y contribue.

H8SU : la **SU**reté et/ou le sentiment de sécurité dans le contexte d'environnement qui y contribue.

H9p : la capacité d'épanouissement personnel et de convivialité : famille, association, charité, solidarité, sport, musique, pêche, chasse, voyages, coutumes, politesse… la culture populaire **p**rivée dans toute sa diversité, milieu naturel des grandes vertus soutenant la civilisation (altruisme...). Certaines mentalités dans cet ensemble ont un rôle particulier, celui de configurer les fonctions d'utilité des individus dans le temps.

H10PA : la culture de **Pa**rticipation, d'appartenance et de la reconnaissance d'utilité pour autrui. Cette culture a aussi un rapport avec l'attachement identitaire et avec l'organisation du peuplement et de l'entreprise. H10Pa est plus développée dans les zones à faible densité de peuplement et dans les entreprises à taille humaine où les individus ne subissent pas l'anonymat.

Ces cultures « engerbées » **redéfinissent le capital humain**. Dans la plupart des cas, il s'agit d'éléments de nature individuelle susceptibles d'être agrégés au plan global, avec une exception notable, la puissance nationale, qui ne se conçoit qu'au plan macroéconomique.

Les cultures humaines du tableau sont présentées séparément mais la séparation n'est pas absolue. En effet, certaines sont en réalité un rassemblement de cultures voisines. Un bon exemple, que nous développerons plus loin, est celui de la culture H2ER de liberté. De même, la culture privée H9p est ouvertement composite et c'est aussi le cas de la culture de puissance H5PU.

Au-delà, quand on aborde la croissance économique sous l'angle culturel, il est fréquent d'avoir à utiliser des concepts appartenant à d'autres champs de la pensée : politique, philosophique et autres. Beaucoup de ces concepts peuvent être approchés à l'aide d'une combinaison de deux ou plusieurs cultures de base. C'est ainsi que l'**identité nationale** peut être recomposée à partir de quelques catégories du tableau 3 : H1PR pour sa partie culture générale, la culture H4C de croyance et philosophique et la culture privée multiforme H9p, les trois étant probablement en première ligne pour définir cette identité. De même, la notion courante de **culture nationale**, objet des bons soins des acteurs politiques, est une combinaison de ces principaux éléments et de certains autres. Si l'on y associe la culture de puissance H5PU, on peut définir la **position existentielle d'un pays** telle qu'elle s'exprime ordinairement dans les débats géopolitiques contemporains : Les « Etats-Unis » déclinent, la « France » va très bien (?) ou encore : la « Chine » est un pays totalitaire (!)… Toute affirmation du même genre est susceptible d'être soutenue grâce aux catégories de culture du modèle MIE.

Plus généralement le vecteur de toutes les cultures appelé synthétiquement capital humain est pour tout pays sa « signature »[47] à l'époque considérée, à la fois en niveau et en structure, par rapport aux moyennes internationales. En référence à la théorie néoclassique évoquée au premier chapitre, nous montrerons que c'est la part essentielle du véritable **« potentiel de croissance »** d'une économie nationale pour la très longue période.

Le vecteur de capital humain est variable dans le temps. Parce qu'il s'agit d'une signature établie sur une quantité d'investissements culturels parfois anciens on pourrait penser qu'il est plutôt stable et de fait, historiquement, ce fut le cas. Les débats de science politique et de géopolitique s'inspirent en continu de cette stabilité historique de la signature nationale, fruit d'une double continuité de la création et de la destruction très progressive de ses éléments. Pourtant, l'époque contemporaine diffère dramatiquement des précédentes en ce que la destruction des cultures, principalement celles d'amont, peut se produire beaucoup plus rapidement qu'autrefois, rendant aussi les investissements en transmission moins naturels et moins abondants. C'est l'effet le plus évident de la mondialisation, de la prolifération d'idées offensives mal

[47] On dit désormais souvent son ADN.

contrôlées et d'une information qui obscurcit plus qu'elle n'éclaire.

II Cultures, investissement et croissance : les impacts majeurs

II . 1 . La culture professionnelle H1PR

La culture professionnelle, bien reconnue par les modèles traditionnels, promeut la croissance de quatre façons différentes : **(1)** directement, parce qu'elle déploie son efficacité dans le cadre de la fonction de production ; son rendement direct apparaît sous la forme d'une part importante du salaire effectivement perçu. Quelques études empiriques évoquent une quasi parité (50%, 50 %) entre la rémunération des heures consacrées à la production (L) et celle de la culture professionnelle mobilisée (H1PR) [Gregory Mankiw et Alii (1992)[48]]. **(2)** Quand elle s'accroît, H1PR gonfle aussi les productivités marginales des trois autres facteurs par sa complémentarité avec eux. Elle a encore deux autres impacts notables, l'un **(3)** par sa propre dynamique « boule de neige » d'investissement, la culture professionnelle engendrant la culture professionnelle, l'autre **(4)** pour la croissance de la participation au travail L. Par conséquent, investir en culture professionnelle H1PR stimule la croissance directement et indirectement. On peut l'observer plus facilement, en creux, quand un pays perd ou laisse s'étioler

[48]Mankiw, Gregory, Romer, David et Weill, David (1992) : « *A contribution to the Empirics of Economic Growth* » Quarterly Journal of Economics.

ses qualifications[49]dans une partie de ses segments productifs.

La culture professionnelle H1PR est articulée en deux éléments : d'abord la **culture générale** préparatoire, qui a entre autres pour propriété de stimuler, garantir et maîtriser les capacités cognitives ; ensuite la **spécialisation de métier**, constituée de notions et de pratiques directement utiles dans le cadre du métier exercé. L'investissement se construit par l'éducation donnée par les familles, spécialement pour la culture générale, les systèmes scolaire et universitaire publics ou privés mais aussi par les effets d'apprentissage générés par la pratique, en dynamique individuelle ou par compagnonnage au travail. Par exemple, un fils d'agriculteur reçoit sa formation théorique et pratique par l'intermédiaire d'un lycée agricole mais aussi par ses parents et par l'acquisition du métier sur le terrain, dans des proportions difficiles à démêler. Beaucoup d'autres professions sont dans le même cas, y compris celle d'enseignant. Par sa proximité temporelle avec la croissance du PIB qui en découle, la variation de H1PR en fait nettement une **culture d'aval.**

II . 2 . La culture d'entreprise et de responsabilité H2ER

On la définit de multiples façons comme la culture de la **liberté**, du sens de la **responsabilité**, d'appréciation juste

[49] Ce fut en particulier la conséquence du communisme pour beaucoup de savoir-faire artisanaux. Ainsi, les vignerons hongrois ont dû réapprendre après 1990 les procédés de vinification de leurs crus les plus célèbres : Tokay ou Egri-Bigaver, avec l'aide de vignerons français d'ailleurs !

du **risque et de sa maîtrise,** qui sont les marques principales de **l'esprit d'entreprise** ou encore de **l'esprit d'action.** Cette culture multiforme à interactions intenses incarne à elle seule le système capitaliste libéral traditionnel au sens donné par les économistes éminents du passé, système qui accorde sa confiance aux individus pour gérer l'économie et la société afin d'en obtenir la meilleure séquence d'utilité présente et future. Elle joue un rôle actif dans toutes les fonctions d'investissement du Tableau 1. Des valeurs faibles de H2ER sous ses différents aspects sont les causes principales de la faiblesse des investissements divers et donc de la croissance, dans un système d'économie d'entreprises privées. L'évaluation du risque et sa maîtrise conditionnent les décisions que certains agents prennent en permanence. Cela nécessite d'abord une capacité d'évaluation qui ne soit pas marquée par un pessimisme systématique, d'où un *a priori* d'optimisme ou d'un optimisme suffisant pour ne pas toujours porter un regard dépréciatif sur les rendements attendus d'une action. L'esprit d'entreprise nécessite à la fois cette évaluation non biaisée et une capacité à gérer les risques encourus par des actions appropriées.

Les personnes concernées par cette culture sont en premier lieu les entrepreneurs mais ils ne sont pas les seuls. De fait, les rouages d'une économie décentralisée sont mis en mouvement par de multiples décisions et actions dont les acteurs sont des indépendants ou des salariés, du secteur privé ou même du secteur public. C'est en partie le sens du facteur d'organisation Op dans la fonction de production notamment. La déresponsabilisation des acteurs de terrain du secteur public est aussi handicapante économiquement que l'affaiblissement de l'esprit d'entreprise. Dans la réalité historique, les deux vont de pair. Ainsi, la culture H2ER, primordiale dans l'action privée, est d'usage général avec une intensité variable d'une décision à l'autre et d'un individu à l'autre, selon sa situation. Elle se déploie plus ou moins selon le degré d'acquisition et de soumission aux pressions.

L'absence de H2ER ou sa disparition progressive définit un autre type de société, la société socialiste. Les éléments vectoriels constitutifs de la société libérale : liberté, responsabilité individuelle, appréciation claire et gestion des risques, définissent en creux la société socialiste bien plus complètement que la simple proportion public-privé[50]même si cette dernière en fut l'une des manifestations les plus évidentes. Il est possible, voire de plus en plus courant, qu'une dérive vers le socialisme se produise sous le couvert apparent d'un retrait de l'Etat dans un grand nombre de ses attributions classiques. La soumission croissante à une « administration » ou à l' « esprit gestionnaire » est la marque la plus authentique du socialisme contemporain en marche. Est donc également « socialiste » une société où des forces privées se placent en position de domination, généralement en connivence avec des structures publiques nationales et internationales et abolissent pour le plus grand nombre la détention ou l'emploi d'une culture de liberté H2ER. De même, par socialisation du principe de précaution, les administrations publiques, privées ou internationales réduisent l'efficacité

[50] Par exemple, la part des dépenses publiques dans le PIB

des actions et des investissements libres en « instillant » une sorte de pessimisme obligatoire, traduite par une courbe systématiquement décalée à gauche des rendements espérés de l'action[51]. La plupart des pays du monde se placent à cet égard sur des positions intermédiaires dérivant généralement sous les pressions croissantes de la réglementation foisonnante et de la judiciarisation.

<u>Encadré 2</u> **L'optimisme comme facteur de production ?**

L'optimisme est un degré dans l'évaluation des bénéfices d'une action d'investissement. Une société pessimiste est une société dans laquelle les résultats bénéfiques d'une prise de risque sont souvent sous- évalués, avec une distribution de probabilité des profits décalée à gauche vers les valeurs faibles. Une société optimiste est une société dans laquelle on prévoit les bénéfices à un niveau justement élevé. Pour un investissement donné, ce résultat anticipé est toujours confronté à une aversion « normale » au risque. La classe des entrepreneurs, armée d'un optimisme relatif soutenu face aux choix risqués, est nécessaire à la multiplication des investissements.

Ne plus entreprendre, ou décider, ou trancher, ou acquérir un capital, témoigne d'une attitude de frilosité soit temporaire, en cas de crise, soit permanente, en cas de déclin. On est ou on devient « pessimiste » à tort ou à raison mais l'effet du pessimisme sur l'évolution des choses est toujours nocif.

La croissance pousse à l'optimisme et l'optimisme à son tour peut enclencher un multiplicateur de croissance et de développement. Inversement, le déclin enclenche un multiplicateur de pessimisme.

[51]Dès lors, le monopole de l'action économique sera réservé aux administrations publiques ou privées nationales ou mondiales et le système change complètement de nature.

Dans le passé, on a assez souvent constaté qu'un changement favorable dans le degré d'optimisme, parfois lié à un évènement politique ou militaire favorable, avait permis de relancer la dynamique macroéconomique, sans qu'on soit toujours en mesure de dire techniquement pourquoi.

Le **principe de précaution** agit comme un abaisseur d'optimisme. Il instaure ou consacre une société du pessimisme obligatoire, avec toutes ses conséquences en termes de comportements : investissements de toutes sortes, engagement, bravoure, natalité…C'est donc aussi un réducteur culturel.

La dynamique naturelle de H2ER s'échelonne sur la longue période selon les transmissions effectives réalisées par les familles, l'imitation, le système scolaire et universitaire, les médias publics et privés et plus généralement la société civile. Par exemple, il y aurait beaucoup à apprendre en creusant le rôle de l'**exemplarité** et de **l'imitation** dans la propagation de toutes les cultures[52]et tout particulièrement de cette culture d'entreprise-risque. Ce rôle commence en premier lieu par l'influence familiale mais va bien au-delà.

Les incitations à la passivité et à l'assistanat freinent évidemment cette dynamique. Les choix politiques à moyen et long terme sont aussi déterminants. Par exemple, si l'école ne transmet pas explicitement et implicitement des formes de liberté et de responsabilité aux enfants et si les

[52] La diffusion des informations et des croyances par les réseaux numérisés est l'instrument moderne de cette propension courante à l'imitation, pour le meilleur de temps en temps mais pour le pire le plus souvent .

précautions-pressions y deviennent envahissantes[53], on perd d'emblée une chance de créer une classe d'entrepreneurs ou d'agents publics déterminés dans l'action.

S'agissant d'une culture toujours en mouvement au plus près des investissements et de la production finale, la culture d'entreprise et de risque est une **culture d'aval**. Mais parce qu'elle est une mentalité active dans toute la chaîne de la transmission culturelle c'est aussi une **culture d'amont.**

II . 3 . La culture scientifique H3SC

H3SC est le niveau de culture scientifique, la disposition à concevoir de nouvelles idées technologiques. Il pourrait s'agir d'une des formes de la culture professionnelle et plus précisément la forme de culture générale prédisposant à créer ou à adopter les nouvelles idées productives pour assurer le progrès technique. La mettre à part comme on le choisit ici souligne ce rôle spécifique et oriente l'accumulation spontanée et les politiques privées et publiques. Alors que la culture professionnelle déjà analysée H1PR s'associe naturellement au facteur travail, la culture scientifique s'associe tout aussi naturellement au stock technologique « A » à l'œuvre dans la production.

H3SC se cultive principalement mais pas seulement à l'aide d'enseignements scientifiques précoces et de haut niveau ainsi que par des mesures destinées à accroître le nombre

[53] On se souvient des tristes heures du Covid, sommet de l'irrationnalité éducative, aux conséquences psychologiques traumatisantes pour bon nombre d'enfants et de jeunes.

de chercheurs, par exemple en évitant leur isolement, leur déclassement social et les diversions. Comme H2ER**,** cette forme de capital humain se nourrit encore d'une éducation ouverte sur le risque, la culture générale et la réflexion personnelle, pour se rendre capable d'approfondir et surtout de transgresser opportunément les conformismes scientifiques et sociétaux. La plupart des grandes découvertes ont été le fait d'esprits libres qui ne se souciaient guère de conformisme intellectuel ou sociétal.

Le niveau technique **A** est l'ensemble d'idées et de procédés avec lequel on peut accroître la production soit dans sa nature même, les produits nouveaux par exemple, soit dans les moyens mis en œuvre. **La culture humaine scientifique H3SC est ce qui sert de socle et de déterminant principal à cet ensemble A en évolution permanente.**

C'est à partir d'un investissement préalable dans cette forme de culture humaine scientifique que peuvent ensuite être découvertes d'autres idées menant à des innovations technologiques. Isaac Newton[54] affirmait : *« J'ai vu plus loin parce j'étais juché sur des épaules de géants »* mais il ne précisait pas de quelle façon lui-même et ses prédécesseurs y étaient montés, ni les efforts et le temps consentis pour y parvenir, générations après générations. Ces efforts et ce temps correspondent exactement à l'accumulation d'une culture scientifique de type H3SC par un apprentissage et une transmission souvent laborieux. La

[54] Cette idée date probablement du XIIème siècle et d'un texte du Français Bertrand de Chartres.

masse des connaissances mathématiques et scientifiques est un marqueur favorable majeur pour le potentiel d'efficacité et de croissance. A l'inverse, en France, on est effrayé par les faiblesses scientifiques étonnantes des élites politiques, juridiques et médiatiques tout comme de celles de l'homme de la rue, y compris pour les notions statistiques les plus élémentaires.

En outre, dans les économies ouvertes aux mouvements du capital physique et de la technologie, la culture scientifique H3SC est un argument important d'accueil et d'utilisation nationale des technologies extérieures souvent apportées par les investissements internationaux. En fonction du vieux concept de « polarisation » de Jacques Boudeville et Jean Paelinck ou suivant la notion plus « moderne » d'attractivité territoriale, la culture humaine scientifique s'impose comme un élément clé d'importation d'un capital supplémentaire d'idées et de procédés « A », joints au capital physique des nouveaux projets.

La politique économique de long terme utilise deux instruments pour développer les cultures humaines scientifiques H3SC : 1) les investissements éducatifs spécifiques par une orientation scientifique du parcours éducatif dans son ensemble et 2) la conservation et l'attrait de ces cultures, en évitant le départ des cerveaux ou en se montrant capable de les attirer. Ce dernier point est fortement imbriqué à l'expression de la puissance nationale, en particulier le « soft power » et l'attractivité culturelle, catalysant la progression de la culture scientifique. Nous y reviendrons plus loin.

L'apport de la culture scientifique H3SC étant très rapproché dans le temps de la production et de la croissance, c'est clairement une **culture d'aval.**

II . 4 . La culture de croyance H4C

Une quatrième forme de culture a un impact sur l'économie, beaucoup moins d'ailleurs sur les variations de la croissance contemporaine du PIB que pour son rythme de très longue période. Il s'agira donc d'une **culture d'amont**.

Les croyances impliquent et imbriquent encore plus clairement l'individu, ses pensées et ses actions. Le Chrétien agit en tenant compte des préceptes de l'Évangile qui font partie de sa personnalité ; le Musulman honore Dieu et se conforme aux préceptes du Coran. Le Juif, le Bouddhiste, l'Hindouiste, le fidèle des religions traditionnelles animistes portent en eux leurs croyances et positionnent leurs actes personnels et professionnels dans leur propre contexte religieux. Les adeptes du syncrétisme, de l'athéisme ou du néopaganisme moderne ne font pas différemment, souvent sans en avoir conscience. Dans cet ensemble H4C se placent encore des convictions humanistes, philosophiques et sociétales, solidement charpentées ou seulement héritées ou instinctives. Autant dire que tout individu est doté d'une culture de croyance particulière et qu'une société nationale est un patchwork plus ou moins harmonisé de cultures de ce type.

La culture de croyance est fondamentale pour la fixation des mentalités et leur évolution dans la sphère économique, privée et dans l'univers politique. Par exemple, la religion chrétienne a promu la valeur du travail manuel, le Christ lui-même ne l'ayant pas dédaigné. En contraste avec les sociétés de l'Antiquité, cette réhabilitation du travail a été actée au premier millénaire chrétien et l'on peut dater de cette époque lointaine, celle des monastères, le début de la marche de l'Occident vers le développement économique. Le formatage des mentalités et des diverses cultures d'amont est le canal principal de l'influence des croyances et ce canal passe notamment par le choix d'une tonalité spécifique de l'éducation.

Par son formatage des mentalités, H4C figure ainsi indirectement dans les cascades de fonctions d'investissement utiles à la croissance et à la mission politique. On l'a bien vu au moment du Covid. La dégradation préalable d'un certain nombre de vertus inspirées par la culture de croyance : courage, sens de la liberté, amour de la vérité, confiance, altruisme, du côté des gouvernants comme de celui des citoyens, a créé des conditions économiques et sociales désastreuses dont beaucoup de pays du monde ne sont pas encore sortis en 2024 et qui laisseront une trace durable dans la croissance et le bien-être. Avec Max Weber, on avait une forte intuition du lien religion-économie qui s'explicite désormais autour de cette notion de culture de croyance.

Cette culture de croyance H4C influence les institutions Op sur le long terme. Mais encore, associé à H2ER et H3SC, elle agit sur la production des projets risqués de l'investissement en capital physique et sur l'ouverture mentale aux nouveautés techniques **A.** C'est vrai, même à moyen terme, comme en témoignent les lois ou protocoles qui ont envahi le paysage[55], en compensation[56] éperdue au reflux de la culture chrétienne en Occident. Ces lois répressives, inspirées parfois par une morale de remplacement, touchent les activités économiques de diverses façons: les productions dites « éthiques », la communication-propagande, les publicités politiquement correctes, les procédures sécuritaires des magasins à l'encontre des clients, les contrôles tous azimuts par des juridictions nationales, internationales et des acteurs privés. Enfin, la culture humaine de type H4C et les mentalités qui en dépendent sont en rapport étroit d'influence avec la démographie et la culture professionnelle H1PR pour expliquer l'utilisation directe du travail dans la formation du PIB. Sur ces deux plans, la culture religieuse ou philosophique influence la croissance du PIB même à court-moyen terme et devient donc assez souvent une culture d'aval.

Dans la littérature économique de croissance, de nombreux travaux ont examiné la relation entre les performances économiques et la religion [par exemple, Robert Barro[57]]

---

[55] Sylvain Tesson, dans son nouveau roman *« Avec les fées »* Editions des équateurs (2024) illustre mot pour mot ce passage en notant l'inflation des pancartes, notices de sécurité, interdictions, mises en garde, injonctions, polluant désormais les paysages de bord de mer en France (et pas que…). On pourrait ironiquement en déduire une « loi des pancartes » physiques ou numériques : *« Plus un pouvoir est impuissant et plus il met des pancartes partout »*.

[56] On pourrait résumer en parlant des conséquences économiques de l'oubli progressif des injonctions du Décalogue.

[57] Robert Barro (2003) : « *Religion and Economic Growth* », American Sociological Review.

ou Luigi Guizo, Pietro Sapienza et Louis Zingales[58]. Certains auteurs [David Audretsch, Werner Bonte et Jagannadha Pawantamvada (2013)[59]] ont exploré les liens avec l'entrepreneuriat H2ER tandis que d'autres [David Landes[60]] soulignent le rôle historique de la culture de croyance pour mener le train des d'innovations techniques.

II . 5 . La culture de puissance H5PU

Nous avons déjà souligné le caractère particulier de cette culture nationale collective. Elle se compose de deux parties difficilement dissociables, le « hard power » et le « soft power », l'une s'appuyant sur l'autre. Cette forme de capital humain s'incarne donc à la fois dans un capital physique et dans un ensemble de cultures humaines, de connaissances et de mentalités. Regroupant plusieurs indicateurs, la puissance nationale H5PU est susceptible d'être évaluée en indices synthétiques et des classements internationaux ont déjà été proposés (Cf Pascal Gauchon et Jean-Marc Holz[61]).

---

[58] Liugi Guizo, Pietro Sapienza et Louis Zingales (2003) : « *People Opium Religion and Economic Attitudes* », *Journal of Monetary Economics* (N°50). Cette étude est particulièrement intéressante pour comprendre l'influence du marqueur « catholicisme » et en particulier le glissement des valeurs qui lui sont associées, de plutôt libérales au début à plutôt socialistes à partir des années 1960.

[59] David Audretsch, Werner Bonte et Jagannadha Pawantamvada (2013) : « *Religion and Entrepreneurship* »*SSNR Electronic Journal.*

[60] David Landes (2006): « *Why Europe and the West, Why not China ?* », Journal of Economic Perspectives.

[61] Pascal Gauchon et Jean-Marc Holz (2018) : « *Mesurer la puissance* », Revue Conflits, Mai-Juin-Juillet.

La puissance est **une culture collective d'aval**, à proximité du PIB et de sa croissance contemporaine. Par toute une série de canaux : maintien des approvisionnements air-mer-terre, contrôle du progrès technique, capacité à éditer des règles internationales, relais-contrôle des organisations internationales, validation de la recherche, privilège linguistique, emprise sur le droit, propagande et corruption, la puissance nationale s'invite dans le fonctionnement des échanges internationaux et les tord au profit des pays dominants. Mais tous les pays du monde sont des joueurs obligés de ce jeu géopolitique et en tirent avantage ou désavantage à la mesure de leur puissance nationale propre et de celle de leurs alliés-protecteurs.

Conformément aux conclusions de la théorie économique des échanges internationaux, la puissance agit comme un catalyseur des avantages comparatifs de la nation, qu'elle amplifie pour soi-même et amenuise pour les autres. L'expérience européenne récente fournit de tels exemples de luttes sournoises de puissance :

« Soit un pays « F » doté d'un avantage de coût de l'énergie qu'il s'est donné par ses investissements passés dans l'énergie nucléaire. Soit un pays A qui a choisi une autre voie qui désormais le pénalise. Le pays « A » joue de sa puissance géopolitique dans les institutions européennes par toutes sortes de procédures d'influence liées à l'écologie politique, la liberté de la concurrence, la corruption... pour casser l'avantage du pays « F » et prendre sa place sur des marchés internationaux où le coût de l'énergie est déterminant. Le pays « F », trop naïf ou mal

dirigé, aveuglé par ses convictions européistes, se fait ainsi « balader » pendant quinze ou vingt ans avant de comprendre et de réagir ».

Observons qu'il pourrait s'agir d'un beau cas de théorie des jeux, un tantinet compliqué cependant. La puissance nationale de « A » a dominé le jeu et tordu les conclusions normales que prédisait la théorie d'Hecksher-Ohlin-Samuelson en entraînant peut-être des conséquences irréversibles[62].

On évoque alors l'existence d'un **« multiplicateur de puissance »** puisque la puissance nationale demande aussi beaucoup de moyens : militaires, diplomatiques, culturels ou autres, que seule la croissance du PIB lui procure. Ainsi se met en place un processus « vertueux » (?) où **l'on voit la puissance agir pour la croissance économique et la croissance économique agir pour la puissance**. C'est le ressort profond de ce que l'on appelle la nouvelle mondialisation et l'éclatement de la mondialisation en un nombre de plus en plus élevé de pôles qui devrait caractériser le XXIème siècle. L'un des exemples les plus frappants est celui de la Chine dont le renouveau, d'abord

---

[62] Et en tous cas suffisantes pour impacter durablement le processus de la croissance du pays F. D'autres exemples pourraient être proposés, en particulier ceux qui se rattachent aux capacités à faire décider **des sanctions internationales**, comme ce fut le cas maintes fois sous la pression des Etats-Unis. Cette capacité va parfois jusqu'à distribuer ensuite leurs effets boomerang sur leurs (trop) gentils alliés.

économique après 1980, se cristallise depuis vingt ans en une puissance nouvelle, jusqu'au deuxième rang mondial[63]. Les mentalités et les autres cultures sont aussi très déterminantes pour la constitution de la puissance. Le pays **F** de notre exemple imaginaire a autant perdu ses positions par l'insuffisance de ses investissements culturels et civilisationnels de toutes sortes et par la médiocrité de ses dirigeants politiques que par une infériorité matérielle. La qualité des dirigeants est peut-être à moyen terme l'argument majeur de la puissance[64]. **Les institutions politiques d'un pays devraient sans doute être jugées sur ce critère avant tous les autres.** Ainsi, la puissance H5PU est l'un des maillons de la chaîne qui relie les cultures au taux de croissance du PIB. Dans le modèle MIE, elle agit sur les investissements des facteurs chaque fois que les projets et les décisions correspondantes impliquent des relations internationales et c'est pratiquement toujours le cas à notre époque.

La circulation des technologies au niveau mondial élargit la diffusion du progrès technique à l'ensemble de la planète. Mais cette diffusion est plus ou moins efficace et bénéfique selon l'ordre d'entrée en scène. En effet, les pays qui créent une nouvelle technologie ou l'acquièrent dans un premier temps prennent un avantage important sur les autres :

[63] Pour ces deux étapes, le « discours » politique chinois s'est vite faufilé. La question qu'on peut se poser est celle de savoir si le tournant stratégique n'a pas été prématuré, un deuxième étage politique de la fusée ayant peut-être été mis à feu avant que la poussée de l'« étage économique » ne soit devenue inutile ou lui soit rendue compatible. L'avenir le dira…

[64] A long terme c'est évidemment la force démographique.

brevets, fixation de normes d'utilisations, formats des matériels associés…etc. La puissance H5PU joue à cet égard un rôle éminent soit parce qu'elle permet de protéger les activités et les acquis technologiques, soit parce qu'elle peut être utilisée offensivement sur les plans du droit et des justices internationales, de la possession de certaines ressources rares, de l'attrait des chercheurs étrangers (augmentation de la culture H3SC) ou encore du vol pur et simple des recherches étrangères par les prises de contrôle ou l'espionnage.

La langue utilisée dans les travaux de recherche, les procédures de validation des diplômes, les revues, les prix, les classements internationaux…sont aussi des éléments évidents de manifestation de puissance H5PU, profitables aux pays dominants. Lors de la crise de 2020, on a vu paraître un certain nombre d'articles pseudo-scientifiques dûment homologués, y compris dans « The Lancet » ; la parution de ces articles et leurs conclusions ont eu des conséquences en termes de politique sanitaire et de profits pour les grandes sociétés pharmaceutiques et montrent à l'évidence les effets de la puissance H5PU à l'œuvre. De même, l'influence chinoise passe par sa maîtrise des réseaux sociaux et porte ses coups à travers Tik Tok, une revanche de la « Guerre de l'Opium » probablement.

On ne peut évidemment passer sous silence la relation intime entre la recherche de puissance militaire, composante essentielle de la puissance géopolitique et les investissements technologiques ; à cet égard, l'action de la

NASA aux Etats-Unis, commencée[65]en partie grâce aux dépouilles des vaincus de la deuxième guerre mondiale, a même servi de modèle à ce que d'aucuns considéraient dans les années 1980 comme la « politique industrielle » idéale. Le développement et l'attrait des technologies s'opèrent par ce canal particulier. On observe donc ici une double influence de la puissance sur les investissements et la croissance.

Pour terminer, venons-en à une considération qui importe au plus haut point pour l'impact des cultures et plus spécialement de la puissance H5PU sur la production. Au niveau international, la puissance est un objectif intermédiaire non seulement pour le pays et l'économie mais pour la *nomenklatura* au pouvoir. La guerre de puissance entre les Etats-Unis et l'URSS a été gagnée par les Etats-Unis parce que le système soviétique construisait une « puissance » déséquilibrée par ses manques culturels. Elle ne mobilisait pas suffisamment, ni à l'intérieur du pays où les performances se dégradaient, ni à l'extérieur par un *soft-power* déficient : la faiblesse des cultures d'excellence[66]et l'obscurantisme fonctionnarisé entravent

---

[65] Le cas de l'URSS, moins médiatisé, est encore plus parlant, car les Soviétiques ont largement profité des pillages permis par la victoire militaire de 1945 tandis que les Etats-Unis furent librement choisis dès les années 1930 par des savants allemands, russes ou juifs fuyant le nazisme ou le communisme. Par contraste, rares furent les scientifiques à partir volontairement pour l'URSS, malgré les sollicitations insistantes de Staline dans l'après-guerre, aux Arméniens et Géorgiens exilés par exemple.

[66] Les « intellectuels », porteurs de pensée créative, ont besoin de liberté. Il furent persécutés et exécutés en Union soviétique comme en Allemagne nazie. Des exemples innombrables sont dans nos mémoires

la progression de la société mais entament aussi sa puissance, surtout quand ils durent aussi longtemps.

II . 6 . La volonté personnelle de réussite H6V

Impliquer cette forme de culture peut surprendre. Après tout, il semblerait que tout un chacun souhaite réussir économiquement, être riche et bien portant plutôt que pauvre et malade. Pourtant, là n'est pas vraiment la question. La volonté de réussite qui compte pour tous les investissements de croissance et la participation au travail (l'offre) est **la quantité d'énergie que les individus sont disposés à dépenser eux-mêmes pour atteindre des buts dans un contexte donné**. Depuis des siècles, des migrants de diverses origines se sont succédés et ont déployé leur énergie pour atteindre le succès économique dans les pays d'accueil. Les travaux de Thomas Sowell consacrés aux Etats-Unis, évoquent les parcours de ces communautés et mettent en valeur la volonté de réussite : tous les groupes « lauréats » ont privilégié le travail, l'esprit d'entreprise, de commerce, l'éducation, l'adaptation aux nouvelles donnes culturelles [67]. D'autres communautés, parfois beaucoup

---

(écrivains, poètes…) mais aussi mathématiciens, physiciens et biologistes comme le rapportent Michel-Yves Bolloré et Olivier Bonnassies dans leur livre récent (2021) *« Dieu, la science , les preuves »* (Ed Trédaniel). La liste ne s'arrête d'ailleurs pas là car toute la frange créatrice de la population générale, celle qui apporte d'habitude les réalisations de qualité, se trouve empêchée et/ou dégoûtée d'agir, des artisans aux paysans en passant par les enseignants, les artistes…

[67] Thomas Sowell (1981) : « L'Amérique des ethnies ». *L'âge d'homme*, et Thomas Sowell (1983) : « Race, Politique et Economie » *PUF*, (traduction de Raoul Audouin). En ces jours du centième anniversaire

moins défavorisées au départ, ont échoué en ne faisant pas preuve de volontés semblables. Ce qui est vrai pour les migrants est également vrai pour l'ensemble de la population et les ressorts de croissance d'un pays sont plus ou moins tendus selon son état d'esprit général d'engagement et d'énergie. Par contraste, l'Occident actuel connaît le « trou d'air » de l'apathie et de l'apitoiement sur soi-même.

La plupart des individus étant rationnels, ils n'engagent leur énergie dans le travail et les investissements productifs : commerce, entreprises, études générales ou scientifiques que s'ils ne peuvent atteindre un certain bien-être par des moyens plus faciles. Les migrants Juifs ou Chinois aux USA, les Syro-Libanais et encore les Chinois en Afrique, les Italiens en Argentine et en France, savaient qu'en dehors de la voie escarpée de l'effort éducatif et du travail, ils ne pourraient sortir de la pauvreté et atteindre la prospérité. En Europe de nos jours, il existe des chemins de traverse, à la fois pour les migrants et la population autochtone, qui donnent l'impression que les dividendes de la réussite ne sont pas liés à la croissance, aux efforts personnels et aux investissements familiaux. On peut constater les ravages des trafics et de l'assistanat, inséparable de la condescendance méprisante des élites dirigeantes. C'est d'abord sur ces points que doit porter la politique de l'offre généralisée des pays d'économie de marché car c'est en partie grâce à eux qu'ils prirent naguère le dessus sur les

---

de la naissance de Charles Aznavour, Arménien à 100 % et Français à 100 %, on ne peut que lui donner raison sur tous ses critères !

pays communistes à économie planifiée. Cette politique doit rehausser **la motivation à l'action et à l'effort**, trop affaiblie.

A bien des égards, c'est aussi sur cet écueil que risquent d'échouer les sociétés progressistes. On pense à certains Etats Nord-Américains comme la Californie, la Côte Nord-Ouest, la Côte Est et le Canada. D'autres régions du monde occidental, la Suède par exemple, se placent désormais au cœur de cette évolution qui se manifeste par la diffusion de l'oisiveté, la drogue, les politiques d'assistance, le wokisme, ainsi que par l'écologisme politique, tous éléments servant souvent d'excuses à la simple fainéantise.

Ainsi, dans le Tableau 1, cette culture H6V de volonté de réussite apparaît dans deux fonctions d'investissement de facteurs : l'équation (3) l'investissement en capital humain professionnel pour soi-même et les enfants et l'équation (5) de mobilisation de l'offre de travail. Travailler beaucoup est donc la marque « aval » de cette volonté de réussite. En remontant en amont, H6V est reliée à la transmission de l'esprit de liberté et d'entreprise H2ER avec laquelle elle rétroagit. Plus en amont encore, la volonté de réussite dépend de nombreuses cultures-mentalités et son accumulation est principalement familiale.

II . 7 . La culture de santé H7SA

Au strict plan de la croissance économique, la santé a ses effets les plus marqués sur la mobilisation de la force de travail (équation 5 du tableau 1) et sur l'investissement en capital humain professionnel (équation 3). On retrouve donc les principaux enseignements de la théorie originelle du capital humain reposant sur ses deux seuls aspects d'éducation et de santé (David Weill)[68]. L'influence sur l'efficacité de la force de travail est directe, les personnes en meilleure santé étant plus productives et capables d'un effort plus long, y compris dans le domaine de l'attention. De ce fait, elle facilite aussi les acquisitions d'un nouveau capital humain soit initial, notamment pour les enfants, soit acquis par apprentissage. Les effets bénéfiques d'une amélioration sanitaire sont majorés dans beaucoup de pays aux conditions climatiques difficiles et cette liaison a été documentée par un grand nombre d'études empiriques. Dans la mesure où la santé conditionne la plupart des bons investissements et des bonnes transmissions en cultures diverses son impact positif sur la croissance est indubitable. C'est à la fois une culture d'amont et une culture d'aval.

L'analyse pourrait s'arrêter là s'il ne se produisait des interactions plus compliquées entre la croissance, l'utilité et la santé. Dans bien des pays, l'élévation du niveau de vie fait de la santé un « bien supérieur », la progression de ses dépenses étant plus rapide que celle du PIB. Le vieillissement de la population, lié en partie aux progrès médicaux eux-mêmes et la mise place de systèmes très déresponsabilisants pour le financement des soins, peuvent aboutir à des attentes de santé exagérées, le **ressenti** de bonne santé reculant indéfiniment jusqu'à devenir

[68] David Weill (2014) : « *Health and Economic Growth* » in Philippe Aghion et Steven Durlauf : « Handbook of Economic Growth ».

inatteignable. Dès lors, les investissements en santé H7SA deviennent excessifs et **font de l'ombre aux autres investissements nécessaires**. Au moment du Covid, il est vite apparu que les gouvernants trouvaient pertinent pour leurs intérêts propres d'embrayer sur ces fantasmes, avec pour corolaire le sacrifice de pans entiers de l'activité économique et de beaucoup de transmissions culturelles.

Pour résumer les apports des paragraphes précédents, admettons que l'impact positif des investissements sanitaires sur la croissance est soumis assez rapidement à la loi des rendements décroissants. La prise en compte des arbitrages de moyens financiers peut assez vite les transformer en rendements globalement négatifs.

II . 8 . La culture de sureté H8SU

L'insécurité des personnes et des biens est souvent ressentie au niveau individuel et se reflète dans les fonctions d'utilité-bonheur des individus. Mais elle influence aussi la croissance économique à travers des investissements dont elle augmente les risques. La mobilisation du capital humain professionnel et celle du travail associé sont aussi directement impactées par l'insécurité[69].

Les investissements accroissent diverses formes de capital productif qui seront des actifs détenus par les investisseurs. Si ces droits de propriétés sont menacés, les entrepreneurs

---

[69] On a à l'esprit la situation des personnels de sociétés étrangères dans les grandes villes du Nigéria comme Lagos, vivant en vase clos dans leurs bunkers professionnels.

rackettés se découragent d'investir. Les menaces de l'insécurité touchent aussi les personnes et aboutissent à un repliement et au refus d'un risque personnel et familial devenant excessif. Dans quelques cas, les pays dangereux ou à intolérance agressive poussent leurs ressortissants les plus actifs et les plus industrieux à s'expatrier.

Le modèle MIE présente quelques facettes de l'impact de la culture de sureté H8SU et en particulier dans la fonction d'investissement en capital physique [l'équation (2) du tableau 1]. La variable fait aussi partie de la définition du facteur d'organisation O_p, reflétant l'idée que l'insécurité peut être réduite ou accrue par le droit. C'est ainsi que des tendances nouvelles se font jour en Occident pour abolir le caractère inviolable de la propriété privée en s'appuyant sur de nouvelles définitions de l'intérêt général, sans parler de l'instabilité fiscale qui est l'une des formes de l'insécurité des biens : la spoliation fiscale est un facteur fondamental de mise en retrait de l'investissement intérieur et de perte d'attractivité extérieure. Dans bien des pays encore, l'insécurité personnelle et des biens se développe en fonction d'un retrait involontaire ou volontaire de l'Etat et de la justice sur le front de la répression des délits et des crimes. Dans des économies ouvertes, cette démission affecte l'attractivité territoriale d'un pays, réduisant l'accueil des capitaux étrangers et des immigrants les plus productifs tout en accélérant les départs correspondants des facteurs de production nationaux. Ces perspectives concernent de plus en plus de pays.

II 9 La culture privée H9p

Cette culture multiforme exprime l'art de vivre des individus, leurs mentalités, relations, goûts, coutumes, activités de loisirs…*a priori* elle a peu à voir avec le niveau de PIB et des investissements. Aussi, bien que fondamentale pour l'utilité et le bonheur, elle est moins impliquée dans la croissance économique en court terme. **Par contre, par le biais des fonctions d'utilité des ménages et des individus, elle est l'une des matrices des choix culturels à long terme et à ce titre intervient fortement sur la trajectoire de croissance.** La culture privée est fondamentale pour orienter la transmission de toutes les autres cultures. S'occuper de ses enfants, les orienter dans leurs choix de vie, leur faire partager le goût de vivre, les éduquer par l'exemple, les former par le sport, leur apprendre l'Histoire et les coutumes… sont de puissants leviers dans la chaîne de transmission de toutes les cultures humaines. Parmi ces dernières se retrouvent celles qui ont été évoquées dans les pages précédentes et qui auront ensuite des impacts beaucoup plus directs sur la production et la croissance économique. Ainsi la culture privée est, avec la culture religieuse et philosophique, **une culture amont par excellence.**

II . 10 . La culture de participation-fierté H10PA

Les cultures d'appartenance, d'estime de soi et de reconnaissance sociale et d'honneur sont des mentalités à intensité variable d'un individu ou d'une société à l'autre.

Leur impact sur l'activité économique et sur la croissance est loin d'être négligeable.

On le découvre en premier lieu dans l'engagement des investissements de toutes natures. Beaucoup d'individus, parmi les plus capables, mettent leur fierté dans la réalisation de projets et d'actions susceptibles de leur valoir l'estime de soi et l'admiration des autres. Les patrons d'entreprise sont souvent imprégnés de cette culture.

Dans la fonction d'offre de travail L_{of} de l'équation 5 du tableau 1, l'esprit-maison et le patriotisme d'entreprise reflétant la culture de participation H10PA, augmentent la productivité des firmes et des administrations. Cet engagement majoré par souci de reconnaissance sociale est donc un facteur d'efficacité. Dès lors, si l'on rapproche ce raisonnement du versant « gestionnaire » du facteur d'organisation-protocoles-institutions O_p, on voit que l'engagement au travail dépend beaucoup de la culture de participation-fierté et réduit la nécessité des réglementations contraignantes et des contrôles sur la main-d'œuvre. Par conséquent, H10PA abaisse par la confiance les coûts matériels et humains du « flicage » des employés.

La mobilisation d'un travail « effectif » plus important a donné lieu à des analyses néokeynésiennes comme celle des « salaires d'efficience » souvent menées pour convenir au contexte culturel anglo-saxon. Dans d'autres civilisations, comme celle du Japon, de l'Inde… ou même de la France traditionnelle, les ressorts de l'engagement au travail sont ou ont été bien différents de ce que disent ces théories exagérément prosaïques et font clairement appel à cette recherche de l'honneur par le travail. La culture H10PA est donc une **culture d'aval** directement mobilisable dans la productivité totale contemporaine. De plus et d'assez près, elle imprègne la démarche d'acquisition du capital humain professionnel H1PR (équation 3 du tableau 1). Dans nombre de pays, l'acquisition des grades scolaires et universitaires s'accompagne d'un *decorum* destiné à récompenser moralement l'effort d'accumulation des connaissances, aidant ainsi les familles et les institutions académiques à engager les enfants sur la voie de cette reconnaissance sociale. Dans d'autres comme en France, cette récompense morale de l'excellence est étouffée par l'égalitarisme : pas de notes, pas de distinctions, pas de solennités, frustrant ainsi injustement les familles toujours méritantes des enfants les plus méritants et cassant ainsi ce précieux ressort de l'ascension sociale.

Implicitement, nous avons jusqu'ici présenté cette culture de fierté comme liée au bien et à des effets bénéfiques mais elle peut aussi s'associer carrément au mal comme en témoigne l'existence des rites mafieux et du grand banditisme. Plus récemment, dans un Occident facilement larmoyant, elle se dévoie dans la victimisation, la recherche de postures attirant l'attention bienveillante des autres, non plus à proportion du bien que l'on fait mais à proportion de ce que l'on subit ou qu'on est censé subir[70]. Dans des pays qui décorent plus facilement les victimes que les héros, la

---

[70] Les syndicats de salariés ou professionnels tirent systématiquement parti de ce mécanisme quelque peu avilissant.

course à la compassion d'autrui est quasiment devenue une discipline olympique[71]. Ces versions algébriquement négatives de la culture de participation-fierté H10PA conduisent à des comportements économiques dégradés qui entretiennent les spirales de précarité.

La culture H10PA une **culture d'amont** fondamentale imprégnant les comportements économiques à de nombreux égards.

III Synergies et concurrences, clefs de la politique de croissance

Ci-dessus, dans la description de leurs effets, des éléments de synergie sont apparus entre des cultures en relation d'origine commune ou de causalité directe. Par exemple, la culture générale est à la base de la culture scientifique et les cultures privées servent de socle au déploiement des cultures de santé, d'entreprise ou de participation…Ces synergies sont tantôt contemporaines ou tantôt expriment le processus d'accumulation des diverses cultures sur les chemins temporels tracés dans la maquette du modèle MIE de longue période[72]. Pour résumer, les cultures humaines dépendent continûment et positivement les unes des autres.

Reconnaissons pourtant à l'inverse que les cultures se concurrencent ; elles le font pour deux raisons principales : (1) d'abord parce que leur accumulation et leur

[71] « Paris 2024 » encore et de bien des façons …
[72] Voir la fin du chapitre 1, le tableau 2.

transmission demandent à tous et à chaque génération des moyens en temps et en argent ; les individus sont donc normalement limités par leurs moyens ; (2) ensuite, les cultures humaines peuvent aussi se faire mutuellement du tort. On a déjà indiqué que la culture de santé H7SA, lorsqu'elle est trop recherchée et accumulée, notamment pour les pays vieillis et riches, devient une tueuse des autres cultures, pour la prise de risque, l'engagement au travail, la culture de croyance et les valeurs de volonté et de courage menant à la puissance. Ce n'est pas un cas isolé : pour la plupart des dix cultures citées dans le Tableau 3, un excès de progression de l'une fera tort à celle des autres. Il est donc important de repérer et de combattre cet excès, qu'il soit dû à une propension spontanée ou à des décisions socio-politiques exprimant l'ingérence publique. On pense à la sacralisation juridique du principe de précaution, destinée à pousser à l'extrême les cultures de santé et de sureté H7SA et H8SU ou encore aux excès idéologiques et/ou religieux hypertrophiant H4C. Ils déséquilibrent ainsi la répartition harmonieuse des cultures, une influence néfaste que nous retrouverons plus loin à propos des pressions.

Compte tenu des concurrences notées ci-dessus et sachant que les influences des diverses cultures sur la croissance économique sont d'intensité inégale, une recherche de maximisation conduirait à opérer des choix et à opter pour les filières culturelles les mieux à même de faire croître le PIB. Dans une situation de départ donnée et en tenant compte des faiblesses détectées, cela impliquerait de privilégier certaines cultures, quitte à moins insister sur l'accumulation des autres. Mais **pour des économies**

complètement libres, la maximisation de la croissance découle de la recherche d'utilité de l'individu-consommateur et donc du développement optimal à atteindre. Pour le dire plus concrètement, la concurrence et les choix entre les différentes cultures s'envisagent sans lien **direct** avec la maximisation de la croissance du PIB lui-même mais relèvent plutôt de considérations liées à l'utilité et au bonheur des personnes. Autrement dit, dans une société libérale, les stratégies d'optimisation culturelles ne sont pas établies en référence à la croissance du PIB mais en référence au développement. C'est une affaire où le détour par l'utilité est obligatoire et où par conséquent l'analyse couplée « croissance et développement » est absolument nécessaire.

Ces remarques sur la concurrence d'accumulation sociale entre les cultures humaines ramènent assez vite au problème du **choix du système économique**. En effet, de multiples points de contact existent entre les valeurs du PIB souhaitées, la présence et l'action de l'Etat et plus généralement des administrations. Nous les avions notés au passage et parmi eux la valeur prise par le facteur $\mathbf{O_p}$ du protocole représentant l'agrégat institutionnel type. Sa valeur reflète entre autres le caractère plus ou moins libéral ou socialiste de l'économie considérée ou le degré de son intégration mondiale.

Le projet révolutionnaire de Javier Milei pour l'Argentine de 2024 annonce un bouleversement de O_p par une multitude de mesures (600). Beaucoup d'entre elles ont trait aux valeurs et cultures à instaurer ou à restaurer dans une optique libertarienne. La croissance économique n'est pas la seule visée mais c'est l'objectif que le nouveau président argentin met le plus en avant. C'est un très bon exemple de programme de l'offre généralisée, quoi qu'on puisse penser de ses de ses buts et de ses modalités.

A contrario, si un Etat est ouvertement **socialiste** et annonce une volonté de **planification**, il adapte O_p à ce projet préétabli qu'il croit profitable à la croissance du PIB et conçoit ensuite de façon cohérente l'ensemble des lois, textes, règlements, éléments de gestion qui le traduisent dans les faits. De même, une organisation internationale, mettons l'Union Européenne opérant dans le même esprit, planifie des directives, sans que l'objectif à atteindre soit alors forcément la croissance maximale pour les pays membres mais plutôt celle, bien ou mal comprise, d'une Europe intégrée à l'économie mondialisée.

Si des gammes de pratiques juridiques et de gestion O_p correspondant à ces démarches planificatrices se mettent en place, **elles promeuvent certaines cultures au détriment de certaines autres.** Peu importe par exemple que la culture H2ER de liberté-responsabilité soit alors présente ; elle se révèlerait même plutôt gênante vis à vis de ces projets socialistes ou oligarchiques car les esprits libres peuvent faire des dégâts dans n'importe quelle planification...En 2008, certains économistes ont critiqué des recrutements passés des cadres du secteur bancaire, en notant que les diplômés d'économie étaient devenus trop minoritaires dans les banques et organismes financiers. Ils y avaient été remplacés par des gestionnaires, des commerciaux et des juristes, faussant ainsi la répartition optimale des cultures humaines dans l'institution. Les observateurs émettaient alors l'idée que les économistes « manquants », armés de leur culture propre, se seraient montrés moins naïfs et plus perspicaces quant aux risques effectifs de crise. Les institutions financières oligarchiques, tout comme les administrations publiques, n'apprécient guère les esprits indépendants.

Pour les organisations socialistes, nul besoin non plus d'une culture de la réussite H6V ou de la belle culture de fierté-participation H10PA qui est la marque des sociétés humanistes. Idem des cultures religieuses et philosophiques H4C et des cultures privées H9p reliées à la famille qui sont très mal vues parce qu'elles servent précisément d'ancrage ou de source aux deux précédentes et à l'esprit de liberté H2ER.

Dans le monde soviétique d'autrefois et dans le monde communiste contemporain, d'autres cultures sont au contraire privilégiées : les dictatures de tout poil réussissent généralement bien à hausser le niveau de la culture de sûreté H8SU ; la culture de puissance H5PU fut d'emblée à la base du projet socialiste ; la culture générale scientifique H3SC le fut également : lorsque l'Europe de l'Est s'est libérée après 1989 elle pouvait compter d'emblée sur un capital humain appréciable dans les disciplines scientifiques et sur des ingénieurs et techniciens nombreux. Pour le régime communiste, encourager les disciplines techniques et y cantonner l'élite intellectuelle était tout bénéfice, à la fois pour l'économie planifiée d'exécution et pour la docilité politique. On pourrait facilement transposer cet exemple à l'économie oligarchique de notre époque qui privilégie les cultures « professionnalisantes » à base de logiciels de pure exécution et au détriment des formations qui engagent la réflexion individuelle[73] . La dégradation des humanités dans l'enseignement secondaire ou supérieur de nos pays avancés n'est pas obligatoirement une mauvaise chose pour tout le monde. L'éducation à deux vitesses qui se met insidieusement en place entre les enfants des élites et les autres, sert discrètement les intérêts de modes de production et de sociétés fortement hiérarchisés et court-termistes.

Ainsi, **la clef principale du choix optimal de mobilisation des cultures pour la croissance économique est l'option du système économique,** notion que l'effondrement de l'URSS avait semblé faire passer au second plan mais qui retrouve de son actualité avec l'évolution mondialiste et la dérive communisante[74]de la Chine contemporaine.

Les divers systèmes envisagent donc la croissance économique en tirant parti de combinaisons culturelles différentes. Autant de systèmes, libéral, socialiste, oligarchique...autant de combinaisons culturelles

---

[73] L'Université, tout comme Esaü, a vendu sa fonction première, penser et transmettre la pensée, pour un plat de lentilles bien indigeste de « taux de première insertion professionnelle ».

[74]Revenir à un monde bipolaire avec une deuxième puissance communiste rappelle évidemment le XXème siècle. Cela n'indique pas forcément que les stratégies de croissance de la Chine, le pays communiste dominant, soient les mêmes que celles de l'URSS. Un socialisme largement ouvert sur le monde a remplacé un socialisme autarcique et il y a bien d'autres différences encore. Le grand pays occidental a lui-même évolué dans ses principes et ses pratiques.

optimales. **Il n'y a donc pas seulement un mais plusieurs chemins culturels de croissance possibles,** les uns différant des autres en fonction du système économique et des dotations relatives de cultures humaines impliquées. L'entrée en masse de considérations culturelles dans la croissance économique, soit directement soit par le détour de la puissance nationale, pose alors le problème des systèmes en termes de liberté individuelle et d'efficacité à très long terme.

Le système libéral est celui qui laisse libre cours à l'accumulation et à la répartition libres du capital humain, un facteur alors presque entièrement privé, sous ses diverses formes et en particulier sous la forme irremplaçable de la créativité. Tant qu'il existe une ou des puissances profitant de ce principe de croissance ou même tant qu'il existe entre les grandes puissances une rivalité potentielle qui pourra justifier et entraîner son retour[75], le système libéral finira par s'imposer. Le plus grand danger à long terme pour le système libéral est donc le mondialisme à direction unique.

Cette diversité des systèmes économiques a aussi des conséquences sur l'analyse scientifique des cas concrets de croissance et des politiques de l'offre qui peuvent en découler : le Modèle MIE, en donnant une grande importance aux variables culturelles composant le capital

---

[75] Un changement de cap des Américains et l'affaissement du parti démocrate pourraient concrétiser le retour à une économie libérale concurrentielle pour le mode occidental. Un néo-reaganisme en quelque sorte…

humain, aggrave sans doute la difficulté de mise en oeuvre opérationnelle des études et des préconisations ; mais cette difficulté est compensée par la pertinence de l'approche et l'efficacité de résultat qui va avec[76]. Mais pour bien analyser la croissance économique à l'échelle d'un pays ou d'une zone donnée, il faut soit avoir baigné dans ces cultures spécifiques en tant que résident soit saisir toutes les occasions de s'en imprégner[77].

Tout ceci acte la supériorité des économistes nationaux ou proches du terrain sur les « experts internationaux » armés de leur « prêt à porter » théorique. A notre époque de mondialisation de l'information et des savoirs scientifiques, l'appauvrissement théorique de la présentation standard et son corollaire d'abus économétriques peuvent ainsi s'expliquer par un parti pris pour le modèle du plus petit commun dénominateur universel, ignorant des racines culturelles de la croissance, variables d'un pays à l'autre.

---

[76] Pour un médecin, diagnostiquer la vraie maladie doit l'emporter sur la facilité du soin à prescrire ; sinon, il soignerait tous ses patients pour le mal de gorge.

[77] Dans le présent ouvrage, on donne quelques exemples d'expériences nationales étrangères, souvent les mêmes, afin de soutenir une façon de voir. Ils correspondent à un compagnonnage culturel plus marqué : une vie longue et régulière en Irlande, une partie de vie professionnelle et la résidence en Afrique, des voyages familiaux marquants, un intérêt approfondi pour tel ou tel pays visité comme le Liban et le Chili, la lecture de romans et autres.... L'ensemble procure une connaissance minimale des cultures et une empathie indispensables à l'analyse de la croissance et du développement de ces « pays de cœur ».

IV Politiques de croissance

Les politiques ou réformes publiques visent à accroître la croissance du PIB et leurs mesures à prendre dépendent du système économique dont on veut le triomphe. Ainsi, la politique économique menée dans le cadre d'un économie libérale, celle qu'en plusieurs occasions nous appelons **politique de l'offre élargie**, est une politique de l'offre qui insiste de surcroît sur l'accumulation des cultures indispensables à cette économie libérale et en premier lieu, sur la culture du risque et de liberté H2ER. Du strict point de vue de la croissance, cette orientation libérale était censée avoir gagné la grande bataille des systèmes au XXème siècle. Il semblerait qu'elle se heurte désormais de front non seulement à la forme classique des socialismes autoritaires mais encore à la version mondialiste des systèmes oligarchiques publics et privés.

Conclusion

On a développé l'idée de « théorie culturelle » de la croissance en observant qu'au sein du modèle MIE les cultures humaines diverses constituant le capital humain jouent un grand rôle pour les cinq fonctions d'investissement des facteurs. Chaque influence culturelle a été rapidement repérée et expliquée. Certaines cultures humaines d'« aval » ont directement un impact sur la progression du PIB et sur le taux d'investissement en facteurs. D'autres cultures humaines, dites d'« amont », ont un rôle plus lointain et plus diffus mais tout aussi déterminant. Parmi elles et *in fine* les mentalités essentielles dirigent les comportements des acteurs de la croissance. Les différentes cultures humaines se constituent et se propagent sur le temps long par des investissements et des filières de transmission plus ou moins efficaces. Si les cultures favorables sont moins transmises, un creux dans le rythme de croissance et le niveau de vie est à prévoir tôt ou tard. On a montré enfin que le jeu des cultures risque fort de déterminer celui de la puissance et de l'avenir des économies libérales.

A la base des choix opérés en continu, les fonctions d'utilité des individus et le rôle des pouvoirs publics sont déterminants. Ce sont justement ces éléments que combine la théorie du développement du chapitre qui suit.

Encadré 3

Une application : démographie et croissance économique

Le lien entre la démographie et la croissance est une question clef à laquelle les théories de croissance ne répondent généralement pas de façon satisfaisante. En pratique, on ne sait pas clairement si une démographie dynamique est un facteur positif ou négatif du niveau de vie par tête. Le modèle MIE, par son caractère culturel, éclaire certaines voies de recherche pour répondre à cette question.

Dans l'équation 2 [78]de croissance du revenu par tête du modèle MIE, la croissance de la population dLogN a un impact

---

[78] On la rappelle : $dLog (Y/N) = dLog\ Op + \alpha_L dLog\ L + \alpha_K dLog\ K + \alpha_{h1PR}. dLog(H1PR) + \alpha_A dLog\ A - \mathbf{dLogN}$

visuellement négatif à court terme. Mais il a déjà été posé au chapitre 2 que le sens de l'effet est incertain à moyen et long terme. De même, on a déjà évoqué le cas de l'Afrique pour soutenir l'idée selon laquelle une natalité trop élevée était l'un des obstacles au développement, prédiction en accord visible et logique avec l'équation 2 citée et qu'on peut dénommer l'effet « part de gâteau ». Mais inversement, il y a eu dans le passé des périodes marquées par à la fois une forte expansion démographique et une croissance économique élevée impliquant une progression du revenu par tête. Ce fut le cas des « trente glorieuses » ayant suivi le baby-boom. Dans ce dernier cas d'influence positive on doit penser que les mouvements de la population ont des effets indirects qui corrigent petit à petit la mathématique négative de l'équation 2, trop visible pour être honnête.

Il nous faut déjà distinguer entre le court terme et le long terme. Si une population nouvelle, des réfugiés, des migrants, arrive ponctuellement sur un territoire national ou si un baby-boom, se produit, tel celui qui suivit la deuxième guerre mondiale en France, le revenu par tête va baisser dans un premier temps. Le choc de croissance de la population appauvrit donc chaque citoyen, selon l'effet « part de gâteau ».

Mais cet impact mécanique de première phase n'est pas le point le plus intéressant à commenter dans une théorie de la croissance. Le plus important est de savoir ce qui se passe dans une deuxième phase, lorsque cette population nouvelle s'intègre et de décrire le lien de long terme entre le rythme d'expansion de la population et le niveau de vie par tête. C'est à ces questions qu'on doit tenter de répondre dans la ligne du modèle MIE.

Au premier abord, plus de personnes vivantes implique à terme plus de travail mobilisable L mais également une progression du capital humain professionnel H1PR, sa qualité indissociable. Si les choses en restaient là et si la production réagissait à ces deux accroissements supposés homothétiques c'est déjà sans doute plus de la moitié[79]de l'impact négatif initial qui serait effacé à long terme. Certes, ces accroissements de L et de H1PR ne sont pas absolument garantis et ils dépendent des caractéristiques culturelles du surcroît de population. Ils ne seront probablement pas les mêmes en cas de baby-boom ou de population nouvelle surajoutée ni avec la même vitesse d'adaptation. MIE nous explique ainsi la nécessité d'investir en culture humaine professionnelle et celle d'engager la force de travail qui se constitue naturellement. Si ces conditions sont remplies, alors le revenu par tête remonte dans une seconde phase.

On pourrait aussi envisager les situations inverses : une baisse de la natalité ou une émigration a le plus souvent un impact immédiat favorable sur le PIB/tête. La suite dépend des considérations culturelles relatives à ces populations en moins : si des jeunes très diplômés quittent les pays de l'Ouest Africain pour faire carrière ailleurs dans le monde, il ne causent aucune baisse de production immédiate dans leur pays de départ mais ils en provoqueront une à long terme[80], quand L et H1PR mêlés s'amenuiseront ou au minimum stagneront. Si leur départ est définitif, ils n'auront pas d'enfants en Afrique de l'Ouest ce qui ralentira encore la progression de ces facteurs et de bien d'autres cultures dans le pays de départ. Tous ces questionnements montrent le caractère nécessairement culturel d'une théorie voulant marier croissance économique et démographie. Par ailleurs, les exemples précédents confirment l'intuition selon

---

[79] Selon les valeurs déjà citées pour les pays développés cela ferait même 60 % (deux fois 0,3, les valeurs de α^L et α^{H1P}). A noter que pour les pays moins développés où la « part du travail » est plus élevée, on pourrait en attendre bien plus, par exemple aux alentours de 75 % pour la France du milieu du XX[ème]siècle, à condition cependant que H1PR soit au moins accumulée et transmise à l'identique, ce qui n'est pas écrit à l'avance.

[80] C'est l'exode des cerveaux dont il est tant question dans les études du développement. Du temps de l'Allemagne de l'Est, les dirigeants avaient édifié le mur de Berlin et faisaient tirer sur les candidats à la liberté en arguant de l'investissement éducatif consenti pour eux par la RDA. Bien qu'ayant eu des conséquences terrifiantes, l'argument n'est pas illogique dans un régime où l'individu appartient à l'Etat.

laquelle l'évolution démographique est elle-même vectorielle et complexe, des questions de natalité à celles des migrations en passant par la mortalité, toutes en interaction permanente. Dans cette brève exposition, nous évoquons seulement et à titre d'exemple, quelques points en rapport avec la natalité.

Natalité-Croissance : retour vers le futur

Les cinq équations de progression des facteurs Op, K, L, H1PR et A vont nous guider. L'effet de long terme d'un choc durable de natalité engage une série d'influences enchaînées dans le temps. On fait « tourner » le modèle de ces cinq équations en y insérant un **choc démographique**, par exemple le baby-boom et l'on voit si les croissances induites de ces facteurs effacent l'effet « part de gâteau » incomplètement, complètement ou plus que complètement, validant ainsi une progression du revenu par tête. On retrouve la logique formelle des modèles de fluctuations de type « impulsion-propagation ». Dans ce contexte, la lenteur des processus mis en action dans le système est contrebalancée par une persistance plus longue de la croissance à un plus haut niveau, le temps que tous les facteurs se mettent au diapason d'un rythme plus élevé.

Le « choc » n'est pas seulement ce que l'on voit

La hausse de la natalité est facilement datable et mesurable mais, sans être seulement l'arbre qui cache la forêt, elle n'est pas non plus toute la forêt. Envisageons donc le choc comme la forêt, c'est-à-dire pas seulement la hausse de la natalité mais encore tout ce qui l'a provoquée et en particulier le poids de toutes ses causes particulières. Ces causes immédiates ou lointaines, ces prédispositions[81], sont elles-mêmes impliquées dans ce qui s'est

---

[81] Xavier Raufer, dans la Revue Conflits (Mars-Avril 2024) écrit ceci : « La génération spontanée n'existe ni en histoire ni en biologie *(ni en économie ni en démographie, disons-nous à l'unisson)* : toujours, avant tout phénomène stratégique, s'insère une phase du **pré-**, lors de laquelle on peut pré-voir, pré-sager, prendre des pré-cautions, surprendre des pré-liminaires (*ici, les pré-dispositions*)….Qui ignore cette phase, qui se rue d'emblée et sans réfléchir sur les ordinateurs, tombe dans l'aveuglement ».

passé avant, se passera pendant et surtout se passera après le baby-boom. Elles expliquent elles aussi le dynamisme ultérieur des cinq facteurs donnant à la production un rythme plus élevé.

Ainsi, le choc à considérer dans cet exemple est constitué de (1) l'accroissement de la natalité mais encore de variables cachées de nature essentiellement culturelle comme : (2) la prédisposition à l'espérance, elle-même alimentée par les cultures privées et de croyance, et sa traduction en termes de désir d'enfants, (3) le regain d'optimisme c'est à dire le développement d'attitudes positives vis à vis du futur. Ce report partagé de l'horizon temporel pourrait bien résumer la « révolution culturelle » en cause dans le choc de natalité et se traduira en termes économique purs par une « moindre aversion au risque » et une réévaluation des rendements attendus. S'ensuit (4) une disposition nouvelle à vouloir transmettre les cultures par les parents, ambition qui implique une fonction d'utilité réallouant le temps non professionnel et professionnel. Les détails de cette réallocation au profit de l'offre de travail et de la transmission des cultures feront l'objet d'une analyse au chapitre suivant. On place aussi dans ce choc (5) une attitude plus conciliante des pouvoirs publics vis-à-vis de la natalité, des mesures concrètes de la part de l'Etat et d'autres acteurs économiques pour soutenir les familles et l'école par des allocations et des équipements[82]. On comprend qu'en lisant cela, un Français aura constamment à l'esprit la situation de son pays après 1942, lorsque l'espoir de libération naissait et que se manifestaient parallèlement les premiers signes d'une reprise de la natalité.

Pour la démonstration, retenons que le « choc démographique » à considérer est un vecteur de beaucoup d'éléments culturels et politiques mal dissimulés derrière le fait brut d'un rebond de la natalité ; l'étude des conséquences pour la progression ultérieure des cinq facteurs devra désormais s'appuyer sur l'influence particulière de tous les éléments de ce vecteur.

---

[82] Les esprits chagrins auront deviné que tout ce qui se dit ici des circonstances concernant l'après-guerre se renverse facilement et quasi-complètement pour notre époque.

La dynamique de croissance après le choc de natalité

La relation natalité-croissance doit donc être traitée à partir des **cinq fonctions d'investissement des facteurs Op, K, L, H1PR et A** et toutes les relations causales plus lointaines, les « causes de causes » de la maquette du modèle MIE de très long terme. Nous allons en présenter quelques illustrations.

Généralement, la poussée de natalité augmentant le nombre de jeunes enfants puis d'adolescents va se traduire par une montée de tous les investissements, quelle qu'en soit la nature. Les fonctions d'utilité des ménages et donc, par effet de rebond, celles de toute la société[83], déforment leur pondération implicite entre consommation présente et consommation future. Le centre de gravité temporel de l'utilité se décale vers le futur **comme si la tâche prioritaire du pays devenait celle d'assurer le bonheur de la génération qui vient de naître.** Dès lors tous les investissements sont encouragés.

L'offre de travail **L** est stimulée d'emblée par l'effet-revenu de l'accroissement de la taille des familles mais inversement freinée par l'effet de disponibilité réduite des femmes. Tout dépend donc de la structure de la force de travail, du taux de participation féminine et des mesures d'allocations familiales et d'organisation mises en œuvre par les pouvoirs publics, aides financières, crèches, écoles maternelles.

A plus long terme, la perspective d'arrivée de générations d'enfants plus nombreuses se traduit par un élargissement de la palette des projets économiques privés et publics, avec des perspectives de rendement accru. L'optimisme étant contagieux, plus de projets d'investissement deviennent comme « allant de soi », c'est-à-dire présumés rentables et moins risqués. Le risque de tarissement de la demande globale est de plus en plus réduit. L'investissement en capital physique **K** a donc suivi le mouvement par l' « effet d'accélération » rendu quasiment

---

[83] Le « rebond » est assez naturel dans une société démocratique où les gouvernants sont soumis à un principe de concordance sous contrainte électorale.

mécanique par l'amenuisement du risque. Dans les épisodes historiques, le secteur du logement est tout particulièrement stimulé par des investissements nombreux et entraînants. L'optimisme généralisé ne se démentant pas, la société et les familles sont joyeuses, ce qui les pousse et les aide à maintenir un effort d'acquisition des diverses cultures humaines : la culture générale qui devient vite « populaire », la culture **H1PR,** y compris les efforts des adultes pour assurer leur formation, améliorer leur situation professionnelle et enfin toutes les autres cultures humaines récompensées[84]dans la première phase du boom. Les perspectives de croissance future remettent en particulier à l'honneur la valeur de progrès qui accroît l'attrait des acquisitions de culture scientifique H3SC. Elles motivent et aident ainsi à la recherche ou à l'adaptation de nouveaux procédés techniques inclus dans le facteur **A**.

Le facteur $\mathbf{O_p}$ d'organisation et de protocole exprime une politique publique favorable à la famille. Dans les années 1950 en France, un débat vif mais significatif mit aux prises les défenseurs de l'enseignement libre confessionnel et les partis anticléricaux. Il se termina à l'avantage des premiers, les lois Barangé (1951), Debré (1959) et plus tard la loi Guermeur(1977) exprimant l'accord profond de la société de cette époque sur les valeurs portées par l'éducation, quelle que soit sa tonalité[85]. La « culture de croyance H4C » est ainsi récompensée officiellement pour son influence sociale et encouragée à la poursuivre.

---

[84] Cette mention de la récompense fait écho à l'utilité-bonheur supplémentaire obtenue d'emblée et prévue par la théorie du développement que nous verrons au chapitre 4.

[85] Voire même, en poussant un peu, une reconnaissance implicite des valeurs fondatrices du sursaut moral de l'après-guerre. Le consensus politique des années quarante était quasi-total sur cette question, la Grande Guerre ayant provoqué une saignée telle qu'elle se verra encore pendant plus de soixante-dix ans dans la pyramide des âges. Les malheurs de 1940 semblaient à tous en être l'une des conséquences et l'accord sur ce point était complet, des Vichystes aux Communistes en passant par les Gaullistes et le MRP.

Au total, nous avons suivi les impacts du choc démographique avec la nette impression que l'ensemble des progressions des cinq facteurs peut largement outrepasser l'effet « part de gâteau » dû à l'augmentation du nombre N de convives, amenant ainsi une montée du revenu par tête. Le rajout de croissance du PIB est mouvant tout au long du scénario et on peut penser qu'il s'accélère **jusqu'à l'insertion professionnelle de la génération agrandie** correspondant au choc de natalité. D'où sans doute la coïncidence temporelle avec les « trente glorieuses » de la France (1944-1974). Il est symptomatique que les dernières années de cette expansion aient été les plus glorieuses de toutes, les années Pompidou, celles du « miracle français », fruit du baby-boom et de la politique de l'offre élargie menée par la Vème République.

Conclusion

Cet exemple nous a permis de survoler les conséquences d'un choc particulier de natalité, l'une des formes d'augmentation d'accroissement de la population. L'Afrique connaît elle-aussi un choc prolongé de natalité qui produit des effets assez différents et ce pour toutes sortes de raisons correspondant à ses cultures, son passé et son manque de ressources. A présent, la situation de la France et plus généralement de l'Occident est à l'opposé exact[86]de celle des trente glorieuses tandis que les chocs de natalité en Chine, positifs sous Mao puis négatifs sous Deng et ses successeurs, charrient leur lot de conséquences économiques, sociales et politiques à court et à long terme.

Cette simulation théorique est en rapport avec la seule natalité. Les chocs démographiques prennent pourtant beaucoup de formes différentes : natalité, mortalité, nuptialité et migrations, toujours en interaction, avec toute la gamme des situations spécifiques très contrastées. Dans ce contexte, le rôle principal de cet encadré a été de montrer sur un point l'utilité opérationnelle du modèle MIE en tant que « théorie culturelle de la croissance ».

---

86 Y compris quant au consensus complètement inversé et aux convictions antinatalistes des élites et de la population elle-même.

Chapitre 4
Une théorie du développement

« Le progrès ou le recul d'une société dépend étroitement de son système de valeurs »

Michel Malherbe

Dans les dernières pages du chapitre précédent il a été question du débat sur le **système économique**. Ici, nous en venons au **développement**. Ceux qui connaissent le déroulement des études universitaires et notamment dans le cas de la France pourraient s'étonner qu'on fasse ainsi revivre ces deux thèmes un peu datés.

Vers les années 1960 et évidemment autour de Mai 68, les discussions sur le système économique étaient vives dans les universités françaises et plus généralement occidentales. S'agissant du développement, les Marxistes s'y investissaient en force dans un contexte mondial caractérisé par la montée du communisme ; ils insistaient notamment sur les théories de l'impérialisme. Partout, les cours sur ces questions suscitaient de l'intérêt mais avec pourtant une restriction importante : les questions et les enseignements ne semblaient concerner que les pays du Tiers-Monde. Près de soixante années après, supplantés par les enseignements de « théorie de la croissance » les cours sur le développement ont pratiquement disparu des cursus de sciences économiques, sauf dans les pays moins riches avec, même pour eux, un désintérêt croissant [87]. Ce dernier chapitre, qui renverse la tendance, est dédié à l'étude du développement comme extension naturelle du champs d'études sur la croissance du PIB et de l'utilité, champs dont il n'est nullement un parent pauvre. On verra au contraire que les facteurs de réalisation du développement économique ont sans doute plus d'impact sur la croissance du PIB que l'inverse.

I La fonction d'utilité, témoin du développement

« Le développement est le mouvement d'un pays vers une situation où les personnes atteignent une valeur élevée de leur utilité » avons-nous dit plus haut. Un pays développé est donc un pays où les gens sont heureux. C'est la définition par laquelle nous abordons cette analyse mais ce n'est certes pas la seule possible.[88] Elle est néanmoins assez proche de celle que donne Hayek de la « bonne société » : « *Une bonne société c'est celle où les chances de tout membre pris au hasard sont vraisemblablement aussi grandes que possible* »[89].

---

[87] En particulier parce que les concepts du développement sont bien difficiles à manier économétriquement et que le principe *« Publish or Perish »* s'applique désormais pour tous les économistes et partout dans le monde.

[88] A notre époque, la concurrente la plus populaire est **l'accès aux technologies**, une définition qui s'appuie sur la réelle contribution des progrès techniques au bonheur mais qui finit par le masquer et le dénature fondamentalement. Voir l'encadré 4 *infra*.

[89] F. A. Hayek (1976) : *« Droit, législation et liberté »* Tome II, PUF Trad française 1981 par Raoul Audouin.

Selon la tradition néoclassique, les choix humains et les évolutions économiques s'expliquent par la recherche du bonheur. Dans le langage habituel à la discipline, c'est la maximisation de l'utilité du consommateur ; dans la perspective du développement, on élargit donc la problématique en présentant la maximisation de l'utilité d'un individu représentatif, consommateur et producteur de sa propre utilité. On suit ainsi le chemin tracé par l'Ecole de Chicago et Gary Becker[90] . D'après ce dernier, les individus construisent eux-mêmes leur utilité en combinant les biens et le temps. Nous poursuivons cette dynamique de l'utilité-bonheur [91] en l'élargissant jusqu'au développement qui en est la traduction macroéconomique et temporelle.

Les économistes ont souvent éprouvé des difficultés à convaincre les non-spécialistes du caractère universel de leur approche du bonheur. Trop souvent leur utilitarisme est confondu avec un préjugé de matérialisme étroit décrivant un appétit insatiable de jouissance immédiate. C'est un reproche entendu trop souvent vis-à-vis de la profession, reproche qu'elle ne méritait pas, du moins dans un passé lointain. D'ailleurs, les économistes seraient bien incohérents s'ils ne tiraient un parti pertinent de l'introspection et il n'y a pas de raison pour qu'ils soient eux-mêmes dans cette disposition d'esprit purement

[90] Gary Becker (1965): « A Theory of the Allocation of Time », The Economic Journal, September.

[91] Sur le thème du bonheur, à signaler la parution programmée d'un livre collectif, principalement rédigé par des auteurs africains : *« Analyse économique du bonheur : une approche multidimensionnelle »*, éditions L'Harmattan, 2024, sous la direction du professeur Christian Lambert-Ngena et auquel l'auteur a participé avec une version de ce chapitre.

matérialiste de jouissance. Le souci de maximiser l'utilité est universel, du pire dépravé jusqu'au moine le plus saint et de la femme riche à l'homme pauvre. Ce qui différencie les fonctions d'utilité particulières ce sont les mentalités et « *à mentalités différentes, bonheurs différents* ».

Néanmoins, le problème s'est posé de façon non triviale parce que les macroéconomistes ont été conduits à gommer la diversité des mentalités pour mener leurs analyses avec une seule fonction d'utilité représentative globale. De surcroît, quand on passe intellectuellement de l'utilité du niveau personnel à l'utilité collective liée au développement macroéconomique d'un pays on peut craindre d'oublier cette diversité fondamentale.

Le développement, vu comme une évolution, se définit comme le parcours ascendant de l'utilité collective, qu'on suppose maximisée sous des contraintes diverses. La proposition s'exprime dans l'équation 3 suivante :

Equation 3 $U = U [O_u, (Y/N, TNP, PAT, H, Pres)]$

avec :

1) O_u le réseau juridique et gestionnaire entourant la vie non professionnelle et porteur de « pressions » permanentes ;

2) Y/N, le revenu par individu ;

3) TNP, le temps non professionnel dont il dispose ;

4) PAT, son patrimoine matériel, les actifs immobiliers et mobiliers possédés ;

5) H, le vecteur des cultures humaines composant son capital humain ;

6) les « autres » pressions « Pres » limitant d'emblée l'influence positive des variables ci-dessus sur l'utilité.

Les dérivées de toutes les variables sont positives, sauf celle des pressions « Pres » qui est négative.

Une représentation en fonction de Cobb Douglas généralisée est aussi envisageable :

Equation 4 $$U = \{O_u \,.\, [Y/N.(1-t)]^{\beta_y} .\, TNP^{\beta_{tnp}} .\, PAT^{\beta_{pat}} .\, [(1\prod 10). H_i^{\beta_{hi}}] \,.\, 1/(Pres)^{\beta_{pres}}\}$$

[où : $(1\prod 10)$ signifie la multiplication des éléments H, de H_1 à H_{10} ; voir la nomenclature au chapitre 3]

Les paramètres **β_j** reflètent les contributions des différents arguments à l'utilité globale. Ils varient d'une personne à l'autre. Aucune hypothèse n'est à faire sur la somme des coefficients β_j puisque U est une utilité ordinale dont la mesure est impensable. On ne peut plus s'accrocher à l'idée d'une fonction homogène de degré 1 car certaines variables sont contingentées, le temps notamment. Mais pour chaque personne, les valeurs des β_j, pour subjectives qu'elles soient, existent bel et bien, même si cette personne ne se sent généralement pas capable de les évaluer. L'individu effectue parfois un calcul implicite qui se manifeste, à l'occasion de ses choix effectifs, par des taux de substitution à la marge en temps, en argent, en cultures diverses, en loisirs, en patrimoine... Par exemple, si un couple réfléchit à avoir un enfant de plus, il pèsera le pour et le contre pour son bonheur en imaginant les conséquences qui en résulteront pour chaque argument de l'utilité : temps, aisance financière, style de vie…et pour le bonheur final escompté. Cela implique une valorisation imprécise mais bien réelle de ses « paramètres β_j ». Dans ce cas particulier, se posera la question d'obtenir que le bilan ainsi établi soit de même signe pour les deux personnes du couple, en tenant compte des interdépendances d'utilité qu'implique l'amour, par exemple : « *en fonction des autres facteurs, je ne souhaiterais pas forcément un enfant de plus mais je sais aussi que cela occasionnera du bonheur pour mon conjoint et que ce bonheur rejaillira sur le mien...* ». En effet les fonctions d'utilité ne sont pas disjointes mais souvent en interaction d'une personne à l'autre au sein des communautés naturelles.

C'est une fonction croissante de tous les arguments à l'exception du dernier (Pres) placé ici symboliquement au dénominateur. Les β_{hi} sont positifs, même ceux relatifs à H1PR, H3S et H5PU qui sont assez proches de zéro. La séquence des paramètres β_j est l'expression des préférences de l'individu. Par exemple, β_y représente ce qu'apportent les biens et services ou le revenu à son utilité. Si ce paramètre est faible cela signifie que l'individu est plutôt « ascétique » ou « spiritualiste » et s'il est élevé au contraire on dira que l'individu est « matérialiste ». Il en est ainsi pour tous les exposants du même type. **Une évolution dans la valeur des coefficients est souvent le reflet de celle des mentalités.** Dans d'autres cas, elle peut refléter des éléments objectifs, âge, santé, situation de l'environnement ou de la sécurité…

L'expression qui suit développe les sources d'utilité en intégrant la fonction de Y/N le revenu par tête[92], mise entre accolades dans l'équation 5 ci-dessous.

Equation 5

$$U = [O_u \,.\, \{O^{\beta y}].\, L^{\beta y\, \alpha_L} .\, N^{-\beta y.} .K^{\beta y.\alpha k} .\, (H1PR)^{\beta y.\alpha_{H1P}} .\, A^{\beta y.\alpha_A} .$$

$$(1\text{-}t)^{\beta y}\} .\, TNP^{\beta tnp} .\, PAT^{\beta pat} .\ [({}_1\prod{}_{10})\, H_i^{\beta hi}] \,.\ 1/(Pres)^{\beta pres}$$

Observons que les paramètres α_i, de la fonction de production règlent une part des contributions à l'utilité mais de façon indirecte, par le biais des biens et services mis à la disposition de l'individu ou encore par l'épargne qui augmente le patrimoine physique ou les cultures humaines.

Le modèle n'est pas complété puisqu'il y manque encore une référence aux contraintes de maximisation. Tout comme pour la fonction de production étudiée au chapitre 1 ces contraintes existent mais ne sont pas simples à formuler et souvent impossibles à quantifier. On pourra pourtant découvrir celle qui concerne le temps disponible non professionnel net TNP.

Que nous dit la forme de la fonction d'utilité et les nombreuses hypothèses théoriques qu'elle sous-tend : fondamentalement, que **la croissance économique contribue à l'utilité mais que la croissance maximale**

---

[92] On rappelle que O_P est le facteur juridico-gestionnaire d'organisation, K est le capital physique, L le travail (en heures totales) ; H1PR est la culture humaine professionnelle et A le stock des idées-procédés techniques ; t est l'indication du taux des prélèvements, taxes et impôts et N la population totale. Voir le chapitre 2.

n'est pas obligatoirement celle qui maximise aussi le bonheur de l'individu et le développement à un quelconque horizon de temps [93] .

La maximisation de l'utilité-développement sera donc logiquement **prioritaire** pour les personnes et devrait l'être pour les pouvoirs publics. La formalisation des équations 4 et 5 est là pour aider à comprendre de quoi dépend cette maximisation. Les variables influentes sont évoquées rapidement, étant entendu que chacune mériterait une analyse plus approfondie de son rôle sur l'utilité.

I . 1 . les règles O_u

Le facteur O_u est à la personne privée ce qu'est O_p, le facteur des protocoles juridiques et gestionnaires pour les professionnels. Ils se combinent au début de l'équation 5 de l'utilité. Il s'agit de deux maquis procéduriers non complètement disjoints. Par exemple, les règles de conduite et de circulation automobile s'imposent pour la personne privée comme pour le professionnel de la route et le droit immobilier est dans le même cas. Par contre, les personnes privées ne sont pas directement confrontées aux règles du droit des sociétés ou aux accords internationaux de libre circulation des produits[94]. Quoi qu'il en soit, **une valeur faible de O_u exprimera la pression négative de ces règles**

---

[93] Cette phrase explique la dissociation apparaissant dans le titre de ce livre et le fait que l'étude du développement déborde largement celle de la croissance du PIB.

[94] Ils le sont indirectement par Op et il en est déjà tenu compte dans la valeur du Pib et du revenu. Pour donner un autre exemple concret, le désherbant à base de glysofate est interdit au jardinier mais utilisé par les agriculteurs dans des proportions incomparablement plus élevées.

multiples, réduisant l'utilité. Comme nous l'avions dit pour O_p, il s'agit des règles effectivement appliquées.

Les personnes privées sont insérées dans un important système de « *fais ceci, fais cela, fais pas ci, fais pas ça* » et bien souvent, à notre époque, ils en étouffent. Leur vie courante est de plus en plus encombrée de protocoles juridiques et gestionnaires venant de l'Etat et de bien d'autres organisations publiques et privées[95]. Si la vie sociale impose un tissu minimal de règles de vie commune, la valeur du vecteur O_u est clairement l'une des mesures clef de la liberté individuelle[96] permise par l'organisation. Derrière une valeur **faible** de ce facteur O_u figurent beaucoup de pressions subies par les individus, pressions que nous évoquerons à nouveau plus loin.

I . 2 . Le revenu par tête Y/N

Les biens et services auxquels le consommateur a accès par son revenu Y/N ont un impact positif sur son utilité U. C'est l'élément le plus évident de la relation entre le revenu et

[95] La numérisation aggrave cette tendance et les organismes publics ou sociétés privées, banques, fournisseurs, se déchargent souvent de leur gestion sur les particuliers : « Créez votre espace et arrangez-vous pour faire tout seul ce que nous faisions pour vous autrefois ; si vous n'y arrivez pas, débrouillez-vous, on s'en fiche.

[96] Les « libéraux » au sens français du terme, devraient se sentir tout aussi concernés par O_u, l'indicateur des libertés au quotidien que par Op. Les représentants de la pensée libérale au sein du monde politique (les droites) ont bien trop souvent négligé les libertés personnelles et familiales dans leurs analyses, trop centrées sur les conséquences économiques à court terme pour les entreprises privées. Les pouvoirs oligarchiques, quant à eux, impriment constamment de nouvelles contraintes faisant baisser O_u car elles suscitent peu de réactions politiques, syndicales ou populaires. On devine le résultat final !

l'utilité. Plus de consommation c'est intrinsèquement plus d'utilité, toutes choses égales par ailleurs, c'est-à-dire si ce supplément est acquis sans sacrifier durement un ou plusieurs des autres facteurs d'utilité. Mais cette vision est incomplète d'emblée puisque la variable explicative Y/N n'est pas seulement la consommation. En effet, dans ce contexte du développement, le revenu disponible est utilisable pour plusieurs usages qui tous procurent de l'utilité. Dans la fonction d'utilité, plus de revenu implique à un terme ou à un autre plus de biens à consommer, plus de patrimoine PAT dans le futur, plus de cultures que l'on peut accumuler pour soi ou transmettre à ses enfants, plus de sécurité face aux aléas. L'épargne et l'investissement des personnes solidaires au sein des familles sont, à l'égal de la consommation, des sources d'utilité directe ou indirecte, actuelle ou future. Par exemple, dans un pays pauvre, l'annonce d'une bonne récolte réjouit à l'avance toute la famille et des parents imaginent pouvoir ainsi prolonger la scolarité de leurs enfants et leur préparer un meilleur avenir ou bien encore consolider leur patrimoine. A l'aide de cet exemple on notera que l'augmentation des ressources nettes a d'autant plus de poids qu'elle fait l'objet d'anticipations durables. On retrouve ici l'esprit de la célèbre théorie du revenu permanent de Milton Friedman[97]. Mais on y trouve aussi, très proche de l'anticipation, un élément culturel fondamental : l'espoir ! L'espoir est un facteur qui, s'il devient permanent, se transforme en « espérance ». Des situations quasi identiques à tous les points de vue matériels

---

[97] Milton Friedman (1957) : « A Theory of the Consumption Function » » NBER. Princeton.

engendrent des valeurs d'utilité parfois fort différentes selon qu'elles s'accompagnent ou non d'espoir et des valeurs *a priori* plus élevées du bonheur pour les personnes imprégnées d'espérance.

Les consommations sont habituellement à la source de l'utilité produite par le ménage à condition cependant que les dépenses faites soient volontaires. Dans certains cas, d'ailleurs de plus en plus fréquents, des consommations sont imposées : assurances, contrôles techniques obligatoires et expertises qui sont des nouvelles formes d'impôt, voitures électriques… et d'autres interdites ou pénalisées[98]. Mais ceci renforce souvent l'élasticité de l'utilité par rapport au revenu dans la mesure où les consommations obligatoires, souvent payées au forfait, tiennent une place proportionnellement plus grande dans les budgets des gens les plus pauvres.

I . 3 . PAT, le patrimoine

Le patrimoine PAT joue le même rôle que le revenu Y/N avec lequel il est naturellement lié sur le long terme. Celui qui possède une voiture accède à des services qui lui donnent des satisfactions en permanence et il en est ainsi pour tous les actifs, à commencer par l'habitation. Ils

[98] On ne pense pas seulement à la drogue mais à tout ce que l'on ne trouve plus dans les rayons des magasins pour diverses raisons réglementaires ou écologiques, ou encore aux médicaments soumis abusivement à l'ordonnance des médecins… Loin des yeux étant toujours loin du cœur, certaines pressions sur les achats ne sont même plus **directement** ressenties par les individus mais englobées dans les conséquences difficilement repérables de leur existence. Ce sont alors ces conséquences qui font décroître l'utilité.

procurent des rendements en nature qui contribuent à l'utilité.

Globalement, la valeur du patrimoine possédé est aussi une garantie qui sécurise[99] et apaise la vie courante ; à ce titre elle augmente l'utilité. Dans certains cas, un héritage attendu peut avoir le même effet sécurisant en augmentant l'utilité alors même que le futur héritier n'en n'a pas encore la propriété. *A contrario*, les personnes redoutent la précarité de l'« oiseau sur la branche » quand leur patrimoine est limité. Dans *l'Avare*, Molière nous dépeint Harpagon pleurant sur la disparition de sa cassette. Celle-ci lui procurait une utilité énorme et sans doute bien plus qu'une jouissance de consommation future. Ce cas extrême, celui d'un individu couvert de ridicule et à la mentalité très particulière[100], montre que le revenu disponible alimente l'utilité et le bonheur bien au-delà de la consommation. La possession d'un patrimoine PAT étend la sphère des libertés concrètes dans la vie courante des individus et *a contrario* les tendances consistant à limiter le patrimoine au profit des abonnements et de la location la réduisent. On observe dans l'histoire que les civilisations de nombreux propriétaires

[99] Dans la partie « croissance » et notamment au chapitre 2, on aurait pu, en remontant dans le détail l'accumulation des cultures, faire remarquer que la possession d'un patrimoine est un puissant facteur de l'esprit entrepreneurial. H2EPR est une culture humaine fortement soutenue par la propriété privée, comme on le croit communément.

[100] Cette mentalité n'est risible qu'à cette extrémité d'avarice mais nous voyons que la richesse détenue apporte à tous une utilité en termes de sécurité. Harpagon a peut-être connu une enfance de très grande précarité, du moins c'est ce qu'on en dirait de nos jours.

ont toujours été les plus stables, signe qu'elles étaient probablement les plus heureuses.[101]

Le patrimoine PAT est lié aux revenus sur la longue période mais dans l'instant et pour un individu donné à un moment donné, il s'en distingue car c'est un acquis du passé. Le raisonnement s'applique tout autant pour un pays dans son ensemble que pour une personne particulière.

I. 4 . Le temps non professionnel TNP

Avec l'allocation optimale du temps on trouve le cœur de la théorie Beckérienne. Les personnes disposent de leur temps de la semaine ou du mois[102] en lui donnant diverses affectations moyennes concurrentes. La contrainte d'utilisation du temps se présente ainsi : **Temps total = le temps « physiologique » + le temps de travail professionnel (L) + le temps non professionnel (TNP) – le temps en relation avec des pressions « d'usage » (démarches, queues, transports[103]...)**

---

[101] On connaît la formule de Chesterton : « *Une société de capitalistes ne contient pas trop de capitalistes, mais trop peu* ! », une manière de dire que seul un accès du plus grand nombre à la propriété des moyens de production peut offrir une alternative aux deux formes de l'asservissement moderne : le capitalisme, qui concentre tout dans les mains de quelques propriétaires ; le communisme, qui opère par d'autres voix la même captation, au profit de quelques membres du parti (emprunté à Henri Quantin : *« Belloc et l'Etat servile »*, « La Nef », avril 2024).

[102] En pratique, on découpe une tranche de temps suffisamment large pour englober toutes les classes d'utilisation de la personne et en établir les proportions.

[103] Les personnes sont souvent amenées à choisir leur endroit d'habitation ou leur lieu de travail en fonction de cette contrainte. C'est

La fonction d'utilité des individus se combine avec la fonction de production macroéconomique Y qui révèle l'impact α_L du facteur L sur le PIB (Cf Chapitre 1). L'allocation du temps s'effectue en tenant compte des deux fonctions à la fois. On comprend que pour une tranche de temps limitée, une augmentation du temps de travail L se traduit par un surcroît d'utilité si et seulement si son impact positif, lié à la production de biens et le revenu que l'individu en tire, dépasse l'impact négatif de la baisse associée du temps non professionnel TNP. Le bilan utilité dépend alors des quantités déjà présentes et des valeurs de $(\beta_y + \alpha_L)$ et de β_{tnp}, lui-même décomposé en deux paramètres dont on reparlera ci-dessous. **C'est la base de l'alternative entre temps de travail et temps de loisir servant à définir la fonction traditionnelle d'offre de travail.**

Ce temps net non professionnel TNP se divise donc lui-même en deux parties qui prendront leur plein sens dans la vision dynamique : le temps de vie TNP_{vie} et le temps d'investissement en cultures humaines TNP_{hi} ce qui s'écrit : $\mathbf{TNP = TNP_{vie} + TNP_{hi}}$

La répartition finale entre ces deux catégories dépend des choix de l'individu sous conditions objectives : âge, responsabilités familiales, conditions pratiques de la transmission… Pour la plupart des gens et intuitivement, l'impact positif sur l'utilité immédiate sera plus fort pour le temps « de vie » $\mathbf{TNP_{vie}}$: loisirs, occupations sociales,

---

évidemment l'un des facteurs explicatifs majeurs des valeurs immobilières.

sports…que pour le temps de transmission des cultures humaines. Ce temps $\mathbf{TNP_{hi}}$ exerce un effet indéterminé sur le bonheur des personnes, assez élevé pour celles qui sont très dévouées aux autres et en particulier à leur famille ou au contraire faible, voire négatif, pour bien d'autres. **Cette décomposition en deux du temps non professionnel est une mesure essentielle des évolutions sociétales et des mentalités et un facteur important du désir d'enfant et des autres comportements affectant l'évolution démographique[104].**

La fonction d'utilité, qui est donc variable d'une personne à l'autre, accorde des poids β_j différents au temps non professionnel de vie-loisir et de transmission. Ce choix s'enchaîne sur celui de l'allocation du temps entre temps de travail et temps non professionnel qui reflète les différences d'attitude vis-à-vis de la mobilisation d'offre de travail. Pour résumer, l'allocation optimale du temps dépend fortement des cultures et des mentalités.

I . 5 . Capital humain et cultures humaines

L'équation 4 révèle que les diverses cultures humaines du vecteur H décrivant le capital humain ont sur l'utilité une action en deux temps :

1) beaucoup d'entre elles ont un impact sur les biens et services disponibles, ici le PIB par tête, de la façon qui a été développée au chapitre 2 : en premier lieu le facteur H1PR

---

[104] Toutes les sociétés humaines sont concernées par ce choix . On voit l'effet de levier très important qu'il exerce sur la croissance économique et sur le développement.

et toutes les autres cultures explicatives des fonctions d'investissement sur plusieurs périodes. Par ce **lien indirect** puissant elles influencent l'utilité.

2) beaucoup ont également un **impact direct** que décrit la fonction d'utilité elle-même. Le tableau N°1 ci-dessous montre pour chacune des dix cultures humaines ce qu'elle apporte sur ces deux plans et l'on observe que la majorité d'entre elles agissent par les deux effets à la fois.

L'impact direct sur U est le plus évident. Il s'exprime par la présence du terme $[_1\prod^{10}. H_i^{\beta_{hi}}]$ dans les équations 4 ou 5. Les cultures humaines composant le capital humain sont des arguments directs de l'utilité et les cultures impliquées ont un effet positif sur la satisfaction. La culture du risque, celles de croyance, de santé, de sûreté et beaucoup d'autres sont donc des arguments de la fonction d'utilité. Les paramètres β_{hi} qui mesurent leur contribution directe sont probablement de valeur élevée. Très importante elle-aussi, la culture privée H9p est émiettée en un très grand nombre d'éléments contribuant à son impact positif : coutumes, aptitudes diverses concernant les occupations, relations familiales, musique, sport, poésie, politesse, gastronomie… Remarquons qu'il ne s'agit pas seulement de l'effet banal de satisfaction de la consommation mais de l'utilité tirée du vecteur des cultures elles-mêmes lorsqu'elles jouent un rôle pour combiner le temps, les actifs et les biens[105]. L'analogie

[105] Pour illustrer cette influence, citons la culture musicale, capacité à profiter ou à jouer de la musique pour sa satisfaction et celle de son entourage. C'est une vraie culture, avec efforts consentis, accumulation et transmission en amont de la satisfaction. La même chose pour un sport, la chasse ou le style de vacances…

est grande avec les rôles du patrimoine matériel PAT, celui de fournir directement des services et celui d'être un catalyseur d'utilité de la consommation proprement dite ; dans la vie villageoise ou urbaine ancienne, certains individus particuliers concentraient des cultures humaines dont ils faisaient profiter les autres, en dehors de tout circuit productif marchand. La croissance économique dévalorise souvent ou fait même disparaître parfois ce « canal de bonheur » traditionnel ainsi qu'en témoigne la littérature nostalgique des « romans de terroir » ou la littérature sociologique et romanesque africaine.

L'impact indirect par la production de biens et services se justifie par le fait que le capital humain professionnel H1PR est lui-même un facteur de production et contribue à ce titre à l'augmentation du PIB, du revenu et de l'utilité par la consommation de biens et services. Pour les autres cultures humaines, la justification de cet impact indirect tient à ce que ces cultures contribuent positivement à la genèse de l'organisation O_p et aux dynamiques des facteurs de la fonction macroéconomique de production : K, A, H1PR et de l'offre de travail L. Il s'agit globalement d'une participation active à leurs fonctions d'investissement. C'est l'intégralité du contenu du chapitre 2 intitulé « Une théorie culturelle de la croissance » qui s'invite ici comme justification. Le tableau 4 ci-dessous révèle que sept des cultures humaines, sur les dix retenues, agissent sur l'utilité au-delà de leur impact sur la production de biens et services. Etant admis que l'individu produit lui-même son utilité à l'aide de biens, de temps et de cultures, seules les trois cultures H1PR, H3S et H5PU, par ailleurs très importantes pour la production, ne sont pas très concernées par l'impact **direct** sur le bonheur.

Tableau 4

Influence des cultures humaines sur le développement

Influence :	indirecte par PIB	directe sur l'utilité	totale sur le Dvt
Cultures			
H1Professionnelle	X		**X**
H2Entreprise-liberté	X	X	**X**
H3Scientifique	X		**X**
H4Croyance	X	X	**X**
H5Puissance	X		**X**
H6Volonté de réussite	X	X	**X**
H7Santé	X	X	**X**
H8Sûreté	X	X	**X**
H9Privée	X	X	**X**
H10Participation-fierté	X	X	**X**

(Les croix indiquent la participation des diverses formes de culture)

Nous ne développerons pas l'ensemble des impacts de culture humaines par le canal direct. Parmi eux, le plus spectaculaire est certainement celui de l'ensemble des cultures humaines privées H9p : coutumes, relations sociales, traditions, arts, sports et vie familiale...

I . 6 . L'impact des pressions

Les pressions s'exercent sur l'individu et revêtent diverses formes. Il y a d'abord les pressions financières exercées par l'Etat et divers autres organismes publics et privés ; ce sont tout simplement les prélèvements obligatoires directs ou indirects, liés aux dépenses, à la transmission du patrimoine physique, aux divers projets d'investissement ou à des pratiques de vie permettant à l'individu de maximiser son utilité. Au-delà, notamment pour l'utilité directe, le patrimoine et beaucoup de cultures ou autres éléments favorables sont rationnés dans leur valeur, leur transmission ou leur usage. Ainsi en définitive l'utilité de l'individu doit être maximisée sous contrainte de pressions financières et non financières. Ces remarques valent encore plus pour la recherche de maximisation en longue période que nous aborderons plus loin.

Il n'est pas ici question d'abolir les pressions pour accroître l'utilité ou le niveau de développement. En effet, des pressions sont indispensables pour donner à l'Etat et quelques autres instances les moyens de remplir leurs missions. Les impôts servent à financer les infrastructures et réaliser de meilleures conditions d'accumulation de diverses cultures humaines : formation, santé, sécurité, puissance … dont l'individu devra profiter ensuite à travers ses rémunérations de production ou son utilité directe non monétaire.

Il existe donc une gamme optimale de pressions qui correspond au maximum de l'utilité finale de l'individu producteur-consommateur. Ce problème est celui que pose la courbe de Laffer[106] couvrant non seulement la délimitation du revenu ou du patrimoine finalement disponible après prélèvements monétaires mais encore celle de l'emploi des cultures humaines nettes de pressions. Nous savons qu'une **« politique élargie de l'offre »** cherche à établir l'optimalité des pressions pour la production et pour le développement. Elle s'attaque aussi à déterminer les facteurs de protocole **[O_u . $O_p^{\beta y}$].** Une telle politique trouvera son plein sens dans le modèle de long terme portant sur des périodes successives nombreuses.

Revenant aux contingences de la présentation, les pressions sont introduites de trois manières dans l'expression mathématique de l'utilité.

(1) Les arguments de la fonction U : le revenu Y/N produit assorti de son taux de disponibilité hors impôts (1- t), le patrimoine PAT[107], le temps non professionnel et les divers éléments du vecteur H de cultures contribuant directement à l'utilité seront désormais à lire « nets de pressions ».

(2) Les protocoles **[O_u . $O_p^{\beta y}$]** dont il a déjà été question.

(3) On conserve de surcroît un terme supplémentaire **« Pres »** pour les pressions sans affectation particulière, notamment pour toutes les formes modernes, publiques, privées, internationales, qui réduisent directement l'utilité ou altèrent la fonction d'utilité elle-même. Un exemple, la

---

[106] Laffer, Arthur, B (1979) : « *The Monetary Crisis : A Classical Perspective* » Rolling Hill Estate.

[107] Pour rendre le propos plus concret, songeons au patrimoine immobilier qui est l'objet de plus en plus de restrictions d'usage tout comme de nombreux biens durables, l'automobile en particulier.

fiscalité indirecte incitatrice ou pénalisante qui ne diminue pas d'emblée le revenu disponible mais tord certains choix dans la fonction d'utilité de l'individu[108] et qui de ce fait la rendent moins efficace ou optimale. Nous verrons aussi plus loin que sur la longue période, de nombreuses pressions visent à modifier cette fonction en créant des « choix obligatoires » ou en pesant lourdement sur les mentalités.

II La dynamique du développement, l'investissement et la transmission

Considérons à nouveau la fonction d'utilité (l'équation 5). Elle exprime l'utilité d'un individu représentatif qui pourrait aussi s'envisager comme l'utilité nationale si tous les individus étaient interchangeables et partageaient les mêmes préférences.

Equation 5

$$U = [O_u \,.\, \{O^{\beta y}]\,.\, L^{\beta y\, \alpha_L} \,.\, N^{-\beta y.} \,.K^{\beta y.\alpha k} \,.\, (H1PR)^{\beta y.\alpha_{H1P}} \,.\, A^{\beta y.\alpha_A} \,.\, (1\text{-}t)^{\beta y}\} \,.\, TNP^{\beta tnp} \,.\, PAT^{\beta pat} \,.\, [({}_1\textstyle\prod_{10})\, H_i^{\beta hi}] \,.\, 1/(Pres)^{\beta pres}$$

II. 1 Dynamisation du modèle d'utilité

L'utilité monte ou descend avec les valeurs de toutes les variables, y compris les pressions avec un signe inversé. Nous choisissons de nommer « développement » ce mouvement de l'utilité dans le temps [109]:

---

[108] Un exemple : les bonus écologiques, forcément financés aussi par ceux qui n'en bénéficient pas. .

[109] Les « dLog » sont des taux de croissance.

$$\mathbf{dLogU = dLog\, O_u + \beta_y\, dLog\, O_P + (\beta_y + \alpha_L)\, dLog\, L - \beta_y\, dLog\, N + (\beta_y + \alpha_k)\, dLog\, K + (\beta_y + \alpha_{H1P})\, dLog\, H1PR + (\beta_y + \alpha_A)\, dLog\, A + \beta_y\, dLog\, (1\text{-}t) + \beta_{tnpv}\, dLog\, (TNP_v) + \beta_{tnpih}\, dLog\, (TNP_{ih}) + \beta_{PAT.}\, dLog\, PAT + \sum \beta_{Hi}\, .\, dLog\, H_i - \beta_{pres}\, dLog\, Pres}$$

(On a conformé ici l'impact des deux catégories de temps non professionnel[110] à celui des autres variables et donc, comme pour L, sous forme multiplicative de la fonction puissance d'utilité ; avec probablement : $\beta_{tnp\ vie} \geq \beta_{tnp\ hi}$.)

Les paramètres :□ β_y , $(\beta_y + \alpha_K)$, $(\beta_y + \alpha_L)$, $(\beta_y + \alpha_{H1P})$, $(\beta_y + \alpha_A)$, β_y, β_{tnp} , β_{PAT} , β_{H1}, β_{H2} …β_{H10}, -β_{pres}, au nombre de vingt en tout, dirigent donc le développement sur la durée. Rappelons qu'il n'est pas pensable d'évaluer les paramètres β_j de la fonction d'utilité qui diffèrent en cela des paramètres α_i de la fonction macroéconomique de production, dont on rappelle qu'ils sont les élasticités de la production vis-à-vis des quatre facteurs. Mais le travail théorique n'en est pas interrompu pour autant.

Déterminons d'abord les conditions des investissements en facteurs de production qui fixent la quantité des biens et des services dont disposeront les individus à long terme. Intéressons-nous ensuite à la croissance du patrimoine PAT à partir de leurs investissements en biens privés et en biens durables. Repérons enfin l'intensité d'accumulation des cultures humaines, y compris lorsqu'elles ne sont pas uniquement employées à la production. Globalement, lorsque les investissements effectifs sur ces trois plans sont

[110] On rappelle que le temps non professionnel est divisé en deux catégories, le temps de vie-loisirs et le temps d'investissement en cultures humaines, chacune de ces deux catégories ayant un impact différent sur l'utilité, soit TNP = TNPvie + TNPhi

élevés, l'utilité progresse, produisant un développement économique positif plus ou moins conséquent. A l'inverse, la montée des pressions freine ce processus favorable.

En raisonnant de cette façon, nous ne cherchons pas à poser et encore moins à résoudre un problème de maximisation intertemporelle de l'utilité. Toute approche s'inspirant du travail originel de Ramsey[111] est ici récusée pour des raisons de manque de réalisme *a priori* dans le cadre d'une économie décentralisée de marché[112]. De plus, mener à bien une maximisation intertemporelle de l'utilité est une démarche dénuée de sens lorsque la fonction d'utilité est instable dans le temps. Or elle l'est forcément, car tributaire de mentalités en changement permanent, soit spontané sous l'effet des transmissions culturelles soit piloté par les acteurs de pressions ; ces changements sont quelquefois sous-produits par le développement passé lui-même qui entraîne des réactions et effets cumulatifs dans les mentalités et les cultures associées.

---

[111] Ramsey, F. (1928) : « *A Mathematical Theory of Saving* », The Economic Journal (décembre). Ce modèle de F Ramsey (1928) est composé comme une recherche d'équilibre de long terme entre consommation et épargne afin de maximiser l'utilité dans le temps. Des schémas plus ambitieux mais tout aussi vains ont été développés depuis des décennies, les modèles d'équilibre général calculables par exemple.

[112] Comme outil de planification dans une société socialiste, l'approche devient plus cohérente parce qu'elle peut mieux décrire les conséquences des « oukases » des dirigeants en matière d'alternative consommation-investissement ; ils prétendent en effet prescrire durablement un bien commun défini *a priori*. Elle reste néanmoins irréaliste car si la fonction d'utilité de l'élite qui dirige ne change pas, tout le reste change inévitablement : ressources, puissance, fonction de production, techniques …

Les limites de l'individu représentatif et l'importance de prendre en compte la pluralité des fonctions d'utilité au sein d'une même société complètent donc ce survol des implications dynamiques du modèle.

« Habiller » la fonction de développement revient à trouver pour les grandeurs explicatives les bons chemins d'investissement et/ou de variation. On commence par ceux qui mènent à la croissance économique du PIB par tête. Il s'agit d'abord d'un approfondissement des chapitres 2 et 3.

II . 2 . Croissance du PIB et développement

Les premiers chemins d'accès sont les fonctions d'investissement des facteurs de production en y comprenant le facteur d'organisation Op c'est à dire le droit des affaires, la gestion, les accords internationaux ... On se contente de rappeler brièvement les fonctions d'investissement des facteurs de production déjà commentées dans les chapitres 2 et 3 ci-dessus.

Pour les quatre facteurs de production classiques : capital physique K, culture professionnelle H1P, niveau technique A et travail L, la structure de la fonction d'investissement est la même. La première variable active est le **rendement net anticipé,** d'où sa représentation par $\mathbf{f^e}$ désignant une fonction de densité de probabilité des profits. Il se calcule comme la productivité marginale du facteur, servant de socle aux anticipations du profit de l'investissement projeté ; on y trouve aussi des pressions (Tax) qui réduisent le rendement net attendu. Suivent toutes les autres variables susceptibles d'influer sur la décision d'investissement ou sur la venue d'investissements directs étrangers (IDE) mobilisés par les mêmes variables.

Les quatre fonctions de progression des facteurs ne sont pas complètement indépendantes, du moins à long terme, parce qu'elles sont souvent concurrentes et conditionnées par des problèmes de financement que le modèle ne fait pas apparaître. Ces problèmes de budget sont difficiles à mesurer et par ailleurs réduits dans le cas des économies ouvertes.

II . 3 . Rôle des cultures dans la dynamique du développement

« Indirect »

Sans entrer dans le détail, on peut rappeler le rôle joué par la panoplie de cultures humaines[113] au profit de la croissance du PIB. Il justifie la première colonne du tableau 4 où on lit que les dix cultures humaines rapportées influent sur la production Y. Il y a évidemment la culture professionnelle mais elle n'est pas la seule en jeu. A titre d'exemple, signalons l'importance primordiale de la culture d'entreprise, de liberté et de prise de risque H2ER qui opère comme un catalyseur de l'investissement pour le capital physique et le niveau technique. L'omniprésence des cultures dès le premier stade de la chaîne des implications dynamiques appelées « croissance économique » les place en variables privilégiées pour le temps long et par conséquent aussi pour le développement.

[113] Voir le chapitre 3 : « Une théorie culturelle de la croissance ».

« Direct »

Les autres fonctions favorisant **directement** l'utilité à long terme ne peuvent être explicitées de la même manière. Elles témoignent néanmoins d'une même logique simple, l'importance primordiale des investissements dans les grandeurs agissant pour l'utilité, qu'on baptise ici plutôt accumulation- transmission.

L'accumulation des biens durables et des propriétés personnelles ou familiales (regroupées dans l'agrégat PAT) au cours du temps est un élément positif incontournable. L'épargne des ménages se tourne vers le bien-être des générations futures tout en subissant de fortes pressions : par exemple, les droits de transmission des entreprises et des biens immobiliers, notamment en l'absence d'héritiers directs.

Toutes les cultures humaines H ont un impact profitable pour le développement. Les cultures progressent lorsqu'elles font l'objet d'investissement et sont transmises. Ainsi par exemple, si la culture humaine privée H9p contribue directement à la construction de l'utilité à court terme, elle soutient aussi la progression des vertus indispensables à la vie en société, en combinaison avec la culture de croyance H4C. Elle est la pépinière de ces vertus et en particulier de celles, comme le sens de l'effort et l'altruisme, qui constituent les fondations de l'investissement culturel et de la transmission des valeurs. C'est le « cercle vertueux » de l'altruisme qui pousse l'individu à augmenter la part TNP_{hi} du temps de transmission des cultures humaines au sein du temps non professionnel, tout en lui procurant souvent un bonheur supplémentaire, lié au sentiment de fierté du « devoir accompli » H10PA. Mais c'est encore la culture de croyance H4CR qui soutient la vertu d'espérance dont on peut dire qu'elle porte le bonheur à bout de bras en encourageant toutes les initiatives et les transmissions. Dans certains pays comme le Liban, les anciens Pays de l'Est comme la Pologne ou tant de pays africains, cette vertu, mentalité ou culture au choix, est omniprésente chez beaucoup d'habitants face aux défis existentiels ou ceux de la vie courante. Déplorons *a contrario* l'effacement de l'espérance dans la société occidentale contemporaine malgré (ou à cause ?) des conditions de vie infiniment plus faciles. Cet effacement est en partie spontané et en partie piloté par des pressions. Il commande, principalement et partout, l'évolution démographique.

Beaucoup de cultures humaines varient parce qu'elles s'appuient sur d'autres cultures humaines elles-mêmes en mouvement ; elles dépendent donc les unes des autres. Ainsi la culture professionnelle H1PR est entraînée par la volonté de réussite H6V et la culture de liberté-responsabilité-risque H2ER ; de même la puissance nationale H5PU a un impact direct sur la culture de sûreté H8SU…On pourrait multiplier les exemples de ces interactions qui font du bloc des cultures et des mentalités un ensemble solidaire aux interactions multiples. Toutes les synergies de ce type sont impliquées dans le mouvement vers plus ou moins de développement.

A l'inverse, les investissements en cultures humaines sont aussi dynamiquement concurrents :

(1) Il existe une contrainte générale de temps de transmission, complémentaire du temps de vie au sein même de la quantité déterminée de temps non professionnel (TNP). La croissance du temps non professionnel TNP est un élément favorable pour le bonheur, nonobstant sa structure interne. **Mais le temps consacré par l'individu à l'accumulation et à la transmission des cultures humaines TNP_{tnphi} est un élément décisif du développement à long terme.**

(2) Comme dans le cas des facteurs de la fonction de production, les ressources n'étant pas illimitées, **il faut tenir compte des contraintes de budget,** parce que l'acquisition et la transmission des cultures sont coûteuses. Le modèle ne peut les formaliser complètement mais elles n'en sont pas moins bien réelles. Dans les pays en retard, on peut espérer, comme pour le capital physique ou technique, que des cultures humaines soient en partie financées par l'aide extérieure pour limiter ces contraintes budgétaires, à condition de respecter les choix éthiques des peuples concernés. Pensons à l'appui fourni par l'aide internationale pour la santé et la sécurité par exemple. Mais à l'inverse, la sous-culture mondialisée, souvent véhiculée par ces actions, peut s'avérer destructrice de valeurs morales utiles au développement véritable.

(3) Reconnaissons aussi une vraie **concurrence d'objectifs personnels** ; la recherche d'une certaine catégorie de culture pour l'utilité, par exemple la culture humaine de ressenti de santé H7SA ou celle de sureté H8SU, risque de se faire au détriment d'une autre, par exemple la culture de liberté H2ER ou des vertus de convivialité et d'altruisme,

en conduisant au repli sur soi-même ; cela semble être le cas en Occident. Admettons encore que l'égoïsme hédoniste est directement contradictoire avec toute forme de transmission des vertus.

4) Une sélection d'action des pouvoirs en faveur de telle ou telle culture humaine et au détriment de certaines autres est une réplique de l'argument précédent en termes démocratiques et politiques. La concurrence entre les diverses cultures est faussée par l'action publique qui, souhaitant souvent faire le bonheur des gens malgré eux, privilégie l'acquisition de certaines cultures au détriment d'autres ou même persécute les cultures qui freinent leurs actions. Les pouvoirs s'immiscent dans le choix des cultures dès qu'ils estiment pouvoir, mieux que les individus, décider de ce qui est bien ou mal pour eux[114].

Dès lors, l'élévation du coefficient O_u et le relâchement des pressions diverses qui s'imposent à l'individu sont généralement de bonnes choses pour son bonheur à long terme. Leur existence même est la preuve que des individus décideraient autrement des actes économiques qu'ils posent pour maximiser leur bonheur si ces pressions n'existaient pas. Les pressions sont souvent exercées avec l'alibi des bonnes intentions ; dans une certaine mesure, c'est le cas

---

[114] Quand Richelieu fait interdire les duels, si fréquents dans certains pays à son époque (France et Espagne surtout…) il combat les excès visibles de la culture de l'honneur de la Noblesse, préjudiciables à la nation…Sur cette question précise, les historiens tendent à lui donner raison mais l'horizon temporel des gouvernants est souvent pour ne pas dire toujours raccourci. Il n'est pas certain que la soumission de la Noblesse et sa mise au rancart doré de la Cour au XVIIème siècle, furent d'excellentes choses pour la France au cours des siècles suivants.

puisque les missions de l'Etat et autres pouvoirs requièrent normalement les moyens financiers, juridiques et opérationnels indispensables. Ainsi, la baisse souhaitable des pressions est celle des pressions non justifiées[115]par ces missions ou très excessives par rapport à elles. Sous cette réserve, un programme de baisse des pressions est favorable au développement. Ajoutons qu'en fait, les pressions effectives du monde contemporain sont toujours et de plus en plus excessives.

Ainsi, les mouvements volontaires ou involontaires dans les diverses variables de la fonction d'utilité conduisent le développement-bonheur de l'individu représentatif. Dès lors, il reste à préciser quel peut être le rôle des pouvoirs publics et quelles sont les conditions de réussite d'une « politique de l'offre élargie ».

III Pouvoir et Développement

Cette partie n'a de vraie signification que si l'on se place dans un pays n'ayant pas déjà son utilité-développement « verrouillée » par une position planificatrice de type socialiste qui fixe ou tente de fixer tous les moteurs de la fonction d'utilité.

Envisageons donc **une société suffisamment libre** pour donner un sens à la recherche d'un meilleur développement et où les pouvoirs, souvent publics mais pas uniquement, n'étouffent pas les moyens d'action des personnes. Les choix des individus s'imposent au moins partiellement face

[115] Les médias, les élus locaux et certaines entreprises exercent des pressions sur les actes individuels alors qu'ils n'ont aucune légitimité pour le faire.

à ceux des administrations. Dans ce contexte libéral justifiant l'essentiel de ce qui a précédé, voyons quel peut être le rôle des pouvoirs et de la politique.

III. 1. Le principe de concordance

L'apparition des pouvoirs publics et privés dans les sociétés humaines ne découle pas de raisons économiques mais des mentalités de domination que génère la force. L'économiste considère donc que l'existence des pouvoirs est une donnée exogène incontournable.

Progressivement néanmoins et selon la nécessité pour les groupes humains d'avoir à choisir leurs dirigeants, il s'établit ce que l'on va appeler un **« principe de concordance »** dont le modèle MIE peut rendre compte.

Le groupe qui recherche à maximiser son bonheur a tout à gagner à choisir les dirigeants qui le lui permettent[116]. Dans le modèle MIE, le gouvernant « parfait » est celui qui comprend le problème de l'utilité et du développement, qui connaît tous les paramètres α_i et β_j du modèle, soit par les calculs (les α_i) soit par une empathie intelligente[117] (les β_j) et qui utilise ses pouvoirs pour réaliser les conditions de maximisation. *« L'étranger qui ne fait simplement qu'observer ne peut que partiellement comprendre, toute compréhension véritable requiert une participation*

[116] Dans les sociétés les plus primitives, le choix des hommes les plus forts ou les plus capables de composer avec les forces occultes régissant le climat et la santé s'impose comme solution aux problèmes prioritaires de sécurité et d'approvisionnement.
[117] Par exemple : Georges Pompidou : « Cessez d'emmerder les Français ! ». Il était lui-même automobiliste (et fumeur).

imaginative à la vie des autres » écrivait Robert Park, le sociologue de la première « Ecole de Chicago ».

Dans ces conditions de concordance « parfaite », le pouvoir utilise tous ses leviers juridiques, financiers, policiers, militaires, éducatifs, sociaux, pressions optimales modérées… **pour atteindre la maximisation de l'utilité des personnes**. La simple lecture des équations 1, 2, 3, 4, 5 résumant la théorie de la croissance (chapitre 1) et celle du développement (ce chapitre 4), montre que les zones d'implication et d'action sont innombrables, que ce soit pour favoriser la croissance de la production ou pour rehausser l'utilité des personnes dans la société. Les « abstentions » publiques sont d'ailleurs souvent plus utiles que les « actions » publiques mais ce serait bien moins vrai si le pouvoir avait été parfait dès le début. Considérons en conséquence que l'utilité des individus et le niveau de développement n'ont pas déjà atteint leurs *optima.*

S'il est « super-parfait » le pouvoir est capable de choisir ses chemins d'action dans le temps pour maximiser l'utilité à long terme et donc le développement économique. Les méthodes par lesquelles un gouvernement super-parfait peut aider à maximiser l'utilité à très long terme sont (par exemple) celles qu'il peut mettre en œuvre pour programmer et promouvoir la spécialisation internationale adéquate du pays dans un contexte de mondialisation.

Dans les sociétés concrètes, les pouvoirs sont loin d'être « parfaits » selon ce critère de concordance. Ils sont souvent ignorants, peu empathiques, mal intentionnés, peu clairvoyants pour le futur. Par arrogance et mépris des individus, ils exercent des pressions excessives, ne transmettent pas les cultures ou du moins pas les « bonnes » et servent quasiment toujours leurs propres intérêts avant ceux des peuples dont ils ont la charge. La théorie dite « des choix publics[118] » est une bonne amorce de réflexion des économistes sur cette question centrale. De plus, sans être socialistes à cent pour cent, beaucoup de pouvoirs croient connaître les fonctions d'utilité mieux que les personnes et souhaitent faire le bonheur des gens malgré eux. Cela les détourne vers des pressions excessives ou des protocoles qui nuisent à l'objectif de bonne concordance.

Normalement, le principe de concordance devrait être mieux respecté dans les régimes dits « démocratiques » fondés sur l'élection des dirigeants ou sur la démocratie directe, les référendums par exemple[119] . En pratique, la plupart des dirigeants détestent la démocratie directe qui les priverait de leur pouvoir et de ses à-côtés, si bien qu'il est quasi impossible de maximiser l'utilité par ce moyen. Clairement, pour ce qui concerne toutes les actions dépendant des pouvoirs, l'individu « perd la main » et doit faire confiance aux dirigeants. Une bonne concordance est

---

[118] L'Ecole du « Public Choice » de l'Université de Virginie (Patrick Buchanan, Gordon Tullock, William Niskanen...) souligne le fait que les choix publics tendent à maximiser l'utilité des gouvernants eux-mêmes. Voir par exemple : Pat Buchanan et Gordon Tullock (1962 Buchanan, Patrick et Tullock, Gordon (1962) : « *The Calculus of Consent : Logical Foundations of Constitutional Democraty* » University of Michigan Press.

[119] Le référendum est une révélation des préférences de la majorité d'un peuple, révélation qui heurte et invalide souvent les idées toutes faites des gouvernants.

donc difficile à établir et elle dépend plus des qualités des hommes détenant le pouvoir que de la façon dont ils l'ont obtenu.

III. 2. La politique de l'offre très élargie

La politique de développement « sous contrainte de concordance » est une politique de l'offre de croissance du PIB élargie aux éléments culturels de long terme comme au chapitre 2 puis élargie encore dans ses objectifs que sont l'utilité et le développement à long terme. Cette politique de l'offre est dite « très élargie » parce que les préconisations essentiellement fiscales et/ou financières de l'économie de l'offre traditionnelle[120] sont étendues au domaine des cultures. Elle consiste de surcroît à mettre les pouvoirs publics en face de leurs responsabilités vis-à-vis non seulement de la croissance économique au sens strict mais encore de la recherche du bonheur et du développement à long terme. **Définissons alors la politique de l'offre très élargie comme celle qui rapproche les dispositifs étatiques et les actions politiques des conditions de la « concordance parfaite ».**

C'est la politique de l'offre très élargie qui réduira les pressions excessives et poussera les gouvernants à assurer les investissements les plus élevés dans tous les domaines qui dépendent en partie de lui dans nos sociétés : éducation, sécurité, santé, science, puissance…tout en favorisant la

[120] On reconnaît l'Ecole du Supply Side, apparue dans les années 1970-1980 aux Etats-Unis : Georges Gilder (1981), Irving Kristol (1978)…dont j'ai beaucoup parlé dans mon ouvrage « *Réagir au déclin* » VA Editions (2022) »

transmission des cultures par les individus eux-mêmes, respect de la liberté et de la prise de risque, droits de propriété, culture privée et art de vivre, culture philosophique et religieuse, mentalités vertueuses…ou à tout le moins, en ne les entravant pas par des pressions.

L'Etat devra encore empêcher ou freiner les pressions des groupes privés : médias, grandes entreprises, factions minoritaires, groupes politiques et religieux, qui s'opposent aux transmissions nécessaires. Ces recommandations sont particulièrement utiles à une époque marquée par la numérisation et l'explosion des moyens techniques d'influence et de contrôle au service des oligarchies.

IV

De la grande diversité à la grande fragmentation, causes et conséquences pour la concordance

Dans ce modèle MIE, l'utilité pour l'individu dit « représentatif » est une fonction de Cobb Douglas avec un vecteur de paramètres β_j. Mais il est bien difficile d'imaginer qu'un pays se compose d'individus interchangeables, surtout en présence de variables explicatives exprimant des cultures et mentalités forcément disparates. L'hypothèse de « représentativité » qui est déjà contestable lorsque la fonction d'utilité ne dépend que de la consommation de biens et services, devient héroïque lorsque l'utilité dépend aussi de toute une gamme de cultures humaines forcément diverses ainsi que d'interactions entre les personnes. L'*Homo Oeconomicus*

« s'éclate » face à son bonheur ou au développement ! On arrive péniblement à constater des tendances moyennes et des différences nationales, en considérant des séquences de β_j typiques.

IV . 1 . Spécificité nationale et/ou de groupe

Certains pays attachent donc plus ou moins de poids à telle ou telle variable dans la définition de l'utilité par le plus grand nombre. Cela tient généralement à l'existence de mentalités différentes d'un pays à l'autre, mentalités qui peuvent être liées à l'histoire, à la géographie, aux conditions démographiques et aux caractéristiques religieuses ou philosophiques des pays. Les conditions de la production et le stade de développement déjà atteint importent également. Ainsi, les pays occidentaux développés de ce début de XXIème siècle sont certainement plus matérialistes (β_Y plus élevé) et plus obnubilés par leur santé (β_{H7} plus élevé), même s'il existe encore des différences entre eux sur ces points. S'ils sont ainsi, c'est parce que les mentalités et la structure par âge de leur population les y portent. Il se peut également qu'au sein d'un pays déterminé, la population soit fragmentée en divers groupes ethniques, sociaux ou religieux, suffisamment différents pour qu'il soit impossible de définir et d'utiliser les valeurs moyennes des séquences de β_j. Cette fragmentation pose à l'évidence un problème politique puisque les pouvoirs qui souhaiteraient assurer une « concordance parfaite » ne savent plus d'avance à quel groupe se vouer et choisiront probablement de se conformer aux desiderata des plus puissants et des plus nombreux du pays en une sorte de « concordance partielle ». David Weill, dans ses travaux rapportés au début du chapitre 2 remarquait l'infériorité des performances économiques des nations multi-ethniques. Le présent paragraphe donne une première piste pour expliquer cette relation en montrant que la qualité de la politique et de l'action de l'Etat dans ce type de pays est plus incertaine et plus faible. C'est aussi vrai aussi probablement pour le développement dans son ensemble.

Pour les groupes minoritaires des pays fragmentés, la démocratie représentative tourne assez facilement à l'oppression, sauf dispositions constitutionnelles appropriées. *A contrario,* on voit aussi des cas où les groupes majoritaires en nombre abdiquent leurs prérogatives par une sorte de lassitude existentielle et se laissent dominer par des groupes moins nombreux mais plus dynamiques qui imposent leurs codes.

Dans les sociétés gravement fragmentées, des différences de dotation de facteurs existent entre les groupes séparés. Appliquer simplement le principe d'Heckcher-Ohlin-Samuelson pour définir ou, par une politique de l'offre élargie de gouvernants super-parfaits, anticiper la spécialisation internationale et atteindre l'optimum économique intertemporel souhaité est donc impossible. Dans le cas du Liban par exemple, quatre ou cinq grandes communautés, dont les réfugiés syriens, sont présentes sur le territoire[121] et les dotations en cultures humaines et en

---

[121] Sans parler du million et demi de réfugiés syriens, dix-sept communautés religieuses cohabitent mais ne collaborent pas forcément sur le territoire. En outre, à l'instar des communautés musulmanes (Sunnites, Chiites et Druzes, notamment) les Chrétiens sont également

facteurs (K, L, H1PR, A, H3SC) diffèrent grandement d'un groupe à l'autre[122]. Quelle stratégie adopter si l'on souhaite peser sur la spécialisation internationale future ? Choisir et préparer par des lois et des équipements une spécialisation convenant à un ou à deux groupes et figer le développement économique des autres sur les positions existantes, ou ne rien faire et attendre que le marché international décide ?

IV . 2 . La fonction d'utilité-développement se déforme dans le temps

Si l'on revient maintenant à l'individu représentatif cherchant à maximiser son utilité, il apparaît que la fonction qu'il emploie pour y parvenir pourra évoluer dans le temps. Un niveau donné des variables : le revenu, le patrimoine physique, les cultures, le temps et les pressions, produira alors une utilité différente, plus forte ou plus faible selon les cas. **Le vecteur des paramètres [β_j] (j de 1 à 13) se transforme en un autre vecteur [β'_j].** Ainsi par exemple β_y, paramètre relatif aux biens et services consommés à partir du revenu, varie selon les époques, sans doute très fort dans les situations de pénurie, plus faible lorsque les

divisés (Maronites, Orthodoxes, Arméniens...) et le système politique n'est pas fondé sur la laïcité ce qui, aux yeux de certains Libanais, accentue davantage la division.

122 Les communautés sunnite et chrétienne sont traditionnellement les plus cultivées en culture humaine professionnelle H1PR et en culture scientifique H3SC. Les spécialisations internationales traditionnelles du Liban reposaient sur ces élites ; leur effondrement actuel risque d'entraîner leur départ du pays, pour les chrétiens notamment. Les solutions temporaires que ces communautés mettent en œuvre actuellement : travail des élites à l'étranger (Occident, Golfe), la famille restant au pays, ne peuvent durer indéfiniment…

populations connaissent une plus grande aisance et vivent mieux, puis plus forte à nouveau dans une société avancée matérialiste… Des séquences analogues existent potentiellement pour tous les autres éléments de la fonction d'utilité-développement. **Les causes de ces changements sont à rechercher surtout du côté des mentalités**. On rappelle que les cultures humaines représentent : *« …les connaissances et les sentiments qui imprègnent les individus et qui commandent leurs actions et leurs choix. Les mentalités en font évidemment partie. »*. Les cultures-mentalités sont les ressorts les plus profonds des personnes (voir l'encadré N°3) et pilotent leurs fonctions d'utilité. Si elles sont des cultures, elles sont des cultures particulières et d'amont par excellence, mères des cultures opérationnelles pour la croissance et le développement.

Encadré 4 Les « mentalités », des cultures humaines pas comme les autres ?

Savoir qu'il s'agit de cultures humaines d'un type particulier et regroupées principalement dans H9p ne suffit pas. Des exemples serviront à s'en faire une idée plus précise et à comprendre comment elles peuvent « piloter » en long terme les fonctions d'utilité-bonheur et le développement : le matérialisme ou l'idéalisme ; le respect de la vie ; la conception de la mort ; l'amour de la vérité ou le mensonge ; l'altruisme et la bonté ou l'égoïsme ; l'altruisme générationnel donnant la préférence pour le temps ; le sens de l'aventure ou le repliement ; la position face aux loisirs ; le courage ou la peur ; le sens de l'égalité fondamentale ou l'arrogance sociale et le racisme ; la prétention ou l'humilité ; le sens de la liberté ou le désir de soumission ; la responsabilité personnelle ou l'irresponsabilité ; l'honneur[123], la noblesse ou le pragmatisme opportuniste ; le patriotisme ; la volonté de réussite ; le respect des anciens ou la condescendance méprisante ; la place de la femme, présentée souvent comme un marqueur sociologique majeur ; la courtoisie ; l'amour de la beauté, de la nature…

L'ensemble est hétéroclite et existe bien des redondances, mais s'il est impossible à mesurer comme à comparer, il n'est pas toujours aussi difficile à connaître en profondeur et à apprécier. Une approche psycho-sociologique par le raisonnement peut être tentée mais l'observation peut plus facilement se faire par la fréquentation familière, les romans, les témoignages, les biographies, les recueils de proverbes. J'ai été frappé par un livre bilingue écrit par Pierre Le Goff un prêtre breton du début du XXème siècle[124] et intitulé « *Proverbes bretons du Haut-Vannetais* ». La lecture, organisée par thèmes, montre les conditions et la philosophie de vie d'un peuple de paysans exprimées à travers les proverbes en usage. Les mentalités s'y révèlent à chaque page.

Dans la France contemporaine et un peu partout en Occident, le glissement des mentalités provoque chez certains des sentiments de « ci-devant », ce désarroi que ressentent des personnes dont les idées et les fonctions d'utilité (les β_j) n'ont pas beaucoup changé tandis que les autres évoluaient (en β'_j). Ils contemplent, désolés, la dérive des mentalités et les comportements associés chez la majorité de leurs concitoyens.

---

123 Voir par exemple l'essai consacré à l'influence de cette mentalité particulière dans l'ouvrage : Bernard Landais (2021) : *« Réagir au déclin »* VA Editions, Préface de François Goulard.

124 « *Œuvres de Pierre Le Goff* » (1860-1941) Institut culturel de Bretagne.

Encadré 5 Bonheur et progrès technique : la distorsion du XXIème siècle

Une vue alternative du développement, extrêmement populaire, assimile celui-ci au niveau et à la couverture technologique. De nos jours, cette conception technologique, qui a le don de faire beaucoup rêver[125], s'incarne surtout dans les « technologies de l'information » dont l'IA est le dernier avatar. Après plusieurs décennies, qu'en penser en termes de développement ?

Contrairement à l'opinion commune, les économistes avaient relativisé d'emblée l'apport des nouvelles technologies de l'information ; Robert Solow, le Prix Nobel spécialiste de la croissance, disait « les voir partout sauf dans les statistiques de la croissance ». Son collègue américain Robert. J. Gordon rappelait que la plupart des grandes découvertes ayant relevé le niveau de vie au XXème avaient été faites bien plus tôt, entre 1880 et 1914. Tous deux se montraient sceptiques face à la généralisation des progrès de l'informatique et de la numérisation. Il apparut à l'usage que Solow avait tort puisque beaucoup de secteurs des nouvelles technologies se sont portés en « pole position » boursière et industrielle dès les années 1990, le PIB profitant de la circulation de l'information et des investissements correspondants. Néanmoins, on est frappé par l'absence de véritable rebond corrélatif du taux de croissance général, comme si l'extension du secteur numérique provoquait des effets d'éviction économiques sur d'autres secteurs. Le pic de croissance du « Kondratieff montant[126] » correspondant, célébré

---

[125] Les prouesses technologiques ont été célébrées et même « portées aux nues » par la science-fiction et d'innombrables films.

[126] « Kondratieff » est le nom donné à un cycle long de l'ordre de cinquante ans, avec une phase montante et une phase descendante. Joseph Schumpeter reliait l'intensité de la croissance du PIB dans la phase montante à la mise en action et aux investissements dans des innovations majeures (machine à vapeur, chemin de fer, électricité…entre 1790 et 1910).

prématurément en l'an 2000, a finalement plus ressemblé aux Ballons des Vosges qu'aux pics himalayens.

La mise en application du « modèle culturel de croissance économique » nous laisse encore plus circonspects. **La numérisation provoque quasiment la baisse de toutes les cultures humaines**, à l'exception temporaire de **la puissance nationale**. Le niveau de formation scolaire et universitaire s'abaisse, en raison d'un déficit de plus en plus marqué de lecture, chez les jeunes en particulier mais pas seulement ; **le temps de « transmission » se réduit dans les familles au profit du temps de vie-loisirs TNP_{vie}.** Les facilités procurées par le numérique conduisent aussi à s'éviter les efforts et les risques, en abaissant le courage et les vertus d'engagement. Les individus deviennent spectateurs plutôt qu'acteurs de leur vie et de leur propre bonheur. Leurs capacités physiques s'atrophient, comme on le constate lors des stages d'engagement de l'armée. Les réseaux sociaux et la circulation d'une sous-culture internationale stéréotypée contribuent à modifier les mentalités, à couper les personnes de leurs racines et à les séparer de leurs proches, affaiblissant énormément la convivialité du quotidien et les coutumes. **La numérisation de l'existence constitue donc un désinvestissement marqué des cultures humaines** et elle a un impact sur la culture de santé : troubles physiques et psychiques, addictions aux jeux vidéo, à la pornographie… Au total, ces désinvestissements culturels cumulés réduiront probablement la croissance économique à long terme.

Au-delà, la numérisation et les normalisations afférentes accroissent l'efficacité des pressions financières ou non financières subies par les individus de la part des pouvoirs économiques et politiques, autorisant techniquement le fichage généralisé. Ceci concerne l'Etat mais aussi les firmes, qui s'assurent d'un encadrement de plus en plus strict de leurs employés, le « fil à la patte » pour les commerciaux et les routiers, les notations et avis des clients… La numérisation rend possibles les abus liberticides un peu partout dans le monde. Les propagandes y trouvent un outil efficace et la pratique de contrats commerciaux léonins se généralise dans la vie courante, affaiblissant le pouvoir des consommateurs au profit des administratifs et des gestionnaires. La numérisation permet encore une « transparence » et un « contrôle » qui conduisent à la tyrannie du quotidien et inspire, par exemple, les projets rampants de suppression de l'usage des espèces monétaires.

Paradoxalement, cette évolution aurait des effets encore plus dévastateurs sur le bonheur des gens si elle ne bouleversait pas en même temps les mentalités des peuples. Le plus grand nombre modifie ses fonctions d'utilité dans le sens d'une soumission aux nouvelles donnes technologiques et sociales. La société se fragmente un peu plus encore car certains autres groupes qui en souffrent résistent mieux, en particulier les personnes imprégnées de valeurs religieuses et/ou philosophiques.

Ainsi, le progrès technique associé à la numérisation de la vie professionnelle et courante a un double effet. Dans la sphère de la production de biens et services Y, il a un impact de productivité positif mais faible, car il détourne le travail et le pouvoir d'achat au détriment des autres secteurs ; le numérique devenant obligatoire partout, il provoque ainsi des effets d'éviction. Dans la sphère de l'utilité et du développement, il accouche jusqu'à présent d'un monde de zombies connectés et surveillés ; l'impact négatif final sur le bonheur n'est douteux que si les humains changent assez radicalement pour s'adapter à la nouvelle donne. La conception technologique du développement deviendrait alors auto-réalisatrice !

IV . 3 . Genèse des mentalités

Si le glissement des mentalités commande les fonctions d'utilité, de quoi dépendent-elles elles- mêmes ? C'est une question complexe car les mentalités sont difficiles à mesurer[127] et surtout à suivre dans le temps. Nous disions

[127] La mesure des mentalités, dont la liste incomplète est donnée dans l'encadré 3 ne paraît pas totalement impossible cependant. C'est un des

plus haut que l'un des moyens de les ressentir en profondeur est la littérature, en particulier les romans[128]. Pour autant il n'est pas interdit d'imaginer comment elles évoluent. Sans entrer dans le détail, le modèle MIE peut nous donner une triple explication :

1) Le développement effectif réalisé, la dynamique de l'utilité, rétroagit fortement sur les mentalités et les affecte en permanence. Il est frappant de voir comment en certaines périodes, par exemple en France durant les années 1960-1970, l'élévation du revenu et du bien-être a engendré ce qu'on appelait alors la « société de consommation », valorisant l'impact des loisirs et les biens matériels dans la fonction d'utilité-bonheur avec en parallèle l'abandon progressif du catholicisme pour la grande masse. La Chine d'après Deng Tsiao Ping a vu se gonfler la vague des nouveaux riches dont rend compte l'œuvre romanesque de Qiu Xiao Long[129]. Le lecteur observe le désarroi des maoïstes pauvres face à cette vague de « richous » complètement amorale. Dans la plupart des pays économiquement en retard, la croissance économique se traduit par une urbanisation non maîtrisée qui a pour

---

domaines dans les lesquels des enquêtes de terrain pourraient être menées par des psychosociologues et statisticiens un peu adroits. Mais pour les suivre dans le temps il faudrait encore disposer de points de repères dans le passé.

[128] C'est une sorte de règle universelle sous toutes les latitudes. Par exemple, les romans policiers de Moussa Konaté (récemment décédé) décrivent par touches passionnantes et subtiles le contact des mentalités anciennes et nouvelles au Mali.

[129] Parmi ses romans : « *Cité de la poussière rouge* » … et bien d'autres sur le même thème. Il est significatif que le héros de ces romans soit un policier-poète, un réactionnaire culturel, « faux nez » de l'auteur en exil.

conséquence de bouleverser le paysage mental des populations concernées, en même temps que leurs conditions de vie.

2) Les mentalités évoluent lorsqu'on ne les transmet pas ou alors de façon imparfaite, quand les responsables de la transmission démissionnent de leur tâche, en particulier en privilégiant les loisirs et le temps de vie. Vont aussi dans ce sens la baisse de la natalité en Occident[130] et le choix de modes de vie hédonistes. L'affaiblissement de l'influence religieuse[131] y contribue certainement.

3) Beaucoup de pressions subies affectent les mentalités directement, de la même façon que pour certaines des cultures humaines déjà répertoriées. De la publicité commerciale à la propagande incessante des Etats ou des groupes oligarchiques, des organismes internationaux aux médias contrôlés, la liste est de plus en plus longue. Remarquons d'ailleurs que des mentalités sont délibérément non transmises par les autorités qui en avaient la charge matérielle et morale et qui, à tout le moins, se devaient de les protéger dans la durée. Enfin, de nouvelles

---

130 Une natalité faible est très souvent un signe de mentalités transformées …qui les fait évoluer encore plus dans le même sens ; les Chinois se sont trouvés confrontés à un phénomène de « petits dragons » égocentriques suite à la politique de l'enfant unique ; ces « petits dragons » sont devenus adultes et conservent évidemment leur mentalité d'enfants sur-désirés et gâtés. Inversement, une natalité trop forte, qui rend très aléatoire les initiations et la transmission de beaucoup de valeurs de base, provoque aussi une modification des mentalités et un appauvrissement des cultures. C'est ce qui se passe souvent en Afrique notamment.

131 *A contrario*, les jeunes catholiques et les musulmans ont plus d'enfants… ainsi par exemple que les Juifs orthodoxes en Israël.

mentalités sont au contraire promues par des groupes de pression puissants afin de remplacer celles qui dominaient initialement et que l'on s'efforce parfois de « déconstruire ». Beaucoup d'hommes d'affaires internationaux et milliardaires n'en font pas mystère : Georges Soros, Bill Gates, Elon Musk … investissent dans les mentalités du futur, plus probablement en usant de leur puissance financière pour diriger le monde que pour l'accroître encore. Nous reverrons ces points un peu plus loin à propos du socialisme.

IV . 4 . Evolution et fragmentation des mentalités

Nous venons de faire deux constats successifs : les mentalités sont dispersées d'un individu à un autre et d'une société à l'autre. Les mentalités évoluent au cours du temps et parfois assez vite. On peut relier ces deux constats à ce mouvement général qu'on nomme entropie, celle de sociétés se complexifiant en désordre tout en perdant progressivement de leur énergie vitale.

Il en résulte une forte instabilité contemporaine des fonctions d'utilité-bonheur à prendre en compte pour promouvoir le développement.

Si l'on combine ces constats et leurs implications on parvient à quatre cas de figure.

(A) Une société homogène, à faibles pressions peu centrifuges, où les fonctions d'utilité-bonheur évoluent calmement sans diverger les unes des autres. Les dirigeants politiques, élevés dans le même univers mental, peuvent mener une politique empathique d'offre très élargie qui atteint un niveau raisonnable de concordance. Un exemple : la France du Général de Gaulle qui inaugura en pratique l'économie de l'offre[132].

(B) Une société homogène, à pressions peu centrifuges, où les fonctions d'utilité varient très vite sans diverger d'un groupe d'individus à l'autre, par exemple à la suite d'un « miracle économique ». L'évolution rapide des mentalités est dirigée soit par un régime autoritaire soit par une adaptation-imitation à des « canons » extérieurs puissants. Deux exemples : la Chine et l'Irlande dans des contextes démocratiques bien différents ; dans les deux cas, une unification de la fonction d'utilité perdure ou apparaît par soumission à un système de valeurs imposé.

La Chine pratique l'uniformisation par la répression[133] et la propagande, outils communistes classiques, rendus encore plus efficaces par la numérisation du contrôle. On se souvient de la répression de la prétendue « secte » spiritualiste Falun Gong, on connaît de mieux en mieux celle du christianisme qui place le Vatican dans une situation ambiguë …

En Irlande, l'évolution des mentalités a été fulgurante à la suite des trois décennies de croissance rapide et a placé le pays sur une orbite américano ou anglo-centrée par effet de

---

[132] Trop peu « élargie » cependant comme en témoigne le peu d'attention des dirigeants d'alors aux évolutions futures des mentalités et des cultures. Peut-être considérait-on à l'époque qu'elles allaient indéfiniment de soi ?

[133] Répression de la « secte » Falun Gong », du christianisme…

mimétisme[134]. C'est l'exemple type d'un développement exo-centré tel que préconisé dans la nouvelle organisation mondialisée. Il s'agit d'un véritable « éblouissement » économique, social et culturel, avec ce que cela implique de cécité temporaire[135]. Tout récemment pourtant, en 2023-2024, une réaction se manifeste et tout laisse penser qu'une fragmentation de la société irlandaise se met désormais en mouvement.

(C) Une société subissant des pressions centrifuges, où les mentalités sont déjà fortement dispersées ou se dispersent. Les fonctions d'utilité divergent, les différents groupes n'ayant plus les mêmes conceptions du bonheur. Il est très difficile aux dirigeants, appartenant au groupe le plus puissant ou divisés eux aussi, de proposer une seule politique de l'offre élargie faisant progresser le bonheur de tous en long terme. Deux exemples : la France

[134] Le rapprochement culturel avec la France, alliée immémoriale des Irlandais, s'était exprimé par l'intercession de la Bretagne et dans une floraison de relations interceltiques dans les années 1970-1980. Avec une bonne partie de leur propre histoire, les « Irlandais l'ont proprement balayé après leur boom économique de 1995. Le « Tigre » est devenu beaucoup moins « celtique » et bien plus américain !

[135] Heureusement, cette évolution a jusqu'ici épargné la valeur exceptionnelle des relations interpersonnelles et quasi familiales entre Irlandais. C'est d'ailleurs sur cet écueil bénéfique ainsi que sur une culture aiguisée de la responsabilité personnelle que l'entreprise de déculturation risque de buter.

contemporaine[136]et les Etats-Unis, en voie de fragmentation accélérée[137].

(D) Une société éclatée dès le départ au sein de nations « intenables » où le mouvement très rapidement divergent des mentalités et des fonctions d'utilité ne permet de « recoller les morceaux » qu'au prix de violences à répétition. Deux exemples : le Liban qui court désespérément après son unité, mise à mal par son environnement de puissances antagonistes qui la déchirent[138]et le Soudan, où le Sud a finalement fait sécession et où le chaos s'installe.

Beaucoup de pressions subies sont extérieures au pays étudié. Par exemple, le mondialisme[139] est un grand « fragmenteur » contemporain, à partir des mouvements d'information, de propagande et de capitaux qu'il met en action pour dynamiter les identités nationales[140]. L'Union

---

[136] Voir par exemple le constat dressé par Jérôme Fourquet, (2019) dans « *L'archipel français* », Ed du Seuil. Ses observations sont corroborées par les résultats des scrutins politiques de 2022 notamment. Ils révèlent que le bloc politique associé aux mentalités françaises anciennes est devenu minoritaire et ce, quelle que soit sa définition, comprenant ou non la gauche modérée nationale.

[137] Pour les Etats-Unis, les affrontements violents au moment de l'élection présidentielle de 2020 ou plus récemment à propos du « droit à l'avortement » ou du wokisme en sont des expressions manifestes.

[138] Outre son hétérogénéité religieuse et culturelle native, le Liban vit au rythme imposé par des voisins plus puissants et successivement : Palestiniens, Israéliens, Syriens, Iraniens et peut-être demain à nouveau les Turcs…

[139] Sur l'avènement et les conséquences du mondialisme voir Charles Gave, *« La vérité vous rendra libre »*, Institut des Libertés (2023).

[140] Le clivage Gauche-Droite, hérité de la Guerre Froide et fondé sur l'opposition socialisme-libéralisme ne disparaît pas. Mais il **se transforme** progressivement dans les démocraties occidentales en un

Européenne, gauchie par le Traité de Lisbonne, est l'une de ses courroies de transmission, comme d'ailleurs beaucoup d'autres organismes internationaux dont c'est la vocation principale.

Le mondialisme lui-même est en voie de fragmentation, la Chine se présentant comme un modèle alternatif à la domination anglo-saxonne. Beaucoup de grandes puissances aspirent à construire un monde multipolaire avec au moins autant de variétés de systèmes de valeurs et de propositions de développement que de pôles. Pour le moment, ces alternatives ne sont pas très attractives sous l'angle des mentalités ou des modes de vie. La Russie de Poutine axe sa propagande sur la déconfiture du système de valeurs occidental mais ses solutions culturelles sont encore loin de convaincre, en Europe de l'Est ou en Afrique, même si elle sait y faire valoir efficacement ses « solutions » de puissance immédiates. Il en est de même pour la plupart des nouveaux pôles de puissance : Chine, Iran, Arabie Saoudite, Inde, Brésil, Turquie. Aucun d'entre eux ne semble particulièrement rayonnant ni ne cherche vraiment à l'être pour les autres pays du monde[141] ; un ensemble de

---

clivage « Mondialisme-Identités ». On a vu récemment les Etats-Unis (Démocrates) changer en ce sens leur mode d'influence en Amérique latine, favorisant dans ces pays la gauche altermondialiste plutôt que la droite nationaliste. Des milliardaires internationaux soutiennent constamment les actions des activistes d'extrême gauche, exactement dans le même but. Il s'agit d'une ambition systémique, la mondialisation devenant la forme extérieure d'un méta-socialisme dans le monde occidental.

141 C'est d'ailleurs peut-être ce que les gouvernants de ces autres pays apprécient, notamment par rapport à l'attitude des puissances qui veulent leur « vendre » à tout prix leur modèle ! De plus, ces

nouvelles forces certes mais pas pléthore de séductions : tous ces nouveaux sous-mondialismes sont beaucoup plus portés par la puissance des Etats que par leur capacité à séduire les peuples et les personnes.

Les choses étant ce qu'elles sont et face à la fragmentation, les politiques d'offre très élargies ayant les qualités de concordance requises pour assurer le bonheur et le développement sont difficiles à mettre en œuvre mais il n'y a pas d'autre solution que d'essayer, notamment en tentant d'infléchir l'organisation des pouvoirs. Les constitutions nationales[142], la baisse des pressions mais aussi les modes de recrutement et la formation intellectuelle et morale des élites sont probablement les leviers d'action privilégiés. Faute de quoi, on se passe définitivement des volontés et fonction d'utilité individuelles comme guide des actions de développement. C'est ce qui se produit dans les anciens et nouveaux systèmes socialistes dont la part progresse à nouveau partout dans le monde.

---

gouvernants n'acceptent ou ne voient pas toujours la nécessité d'opérer des choix culturels clairs sur le long terme.

[142] Les constitutions sont les « sommets » des facteurs que le modèle appelle O_p et O_u et elles les calibrent. Elles sont donc déterminantes pour la croissance et le développement. Elles orientent le recrutement du personnel dirigeant au plus haut niveau et à ce titre sélectionnent des profils type d'élites sur le long terme. Certaines constitutions échouent de façon récurrente à sélectionner des chefs d'Etat empathiques et concordants.

V Sociétés socialistes et/ou oligarchiques

Dans le chapitre 2 consacré à la croissance du PIB, nous mettions en avant le retour des débats portant sur les « systèmes et structures », débats que l'Histoire semblait avoir ringardisés[143]. Or les systèmes socialistes renaissent de leurs cendres et l'ordre des sociétés de liberté individuelle est constamment remis en cause en ce début du XXIème siècle. Pour les gouvernants, la tentation autoritaire est d'autant plus grande que les technologies de l'information relèvent généralement leurs capacités de contrôle et de domination.

Ceci nous amène à évoquer le cas des sociétés marquées par une forme ou l'autre de socialisme, c'est-à-dire celles où les administrations publiques et privées ont une position dominante telle qu'elle les dispense de chercher ***a priori*** une quelconque concordance avec les fonctions d'utilité des personnes. Ces organisations, ou plutôt les individus qui les contrôlent, espèrent ou prétendent réaliser cette concordance ***in fine***, lorsque les fonctions d'utilité et les mentalités des peuples auront suffisamment dérivé vers les principes brandis par les élites qui les gouvernent[144].

---

[143] Se souvenir par exemple des thèses de Fukuyama après la chute du mur de Berlin.

[144] En ce sens d'une volonté de façonner une nouvelle séquence culturelle, le colonialisme fut une forme de socialisme quand il ne fut pas une simple conquête démographique ou économique. La transition avant les indépendances au XXème siècle peut s'interpréter comme un retour progressif à un « principe autonome de concordance », incarné à la fois par les leaders nationalistes et les grands décolonisateurs. Voir sur ces points, le livre de Pierre Messmer, interprétant judicieusement

Réapparaît ici la notion d'« homme nouveau » détaché de ses cultures et désirs anciens par une avant-garde inspirée.

Les élites n'auront de cesse de promouvoir et diffuser[145] les cultures humaines et les mentalités qui correspondent à cet objectif et à extirper les cultures qui les gêneraient de ce point de vue. Figurent de nos jours dans la catégorie « gênante » tout le bloc de cultures de liberté, de religion et de personnalité individuelle ainsi que tous les éléments en amont qui préparent et consolident ce bloc au fil du temps. Seules sont tolérées les cultures inoffensives, suffisamment « déconstruites » ou devenues éléments de folklore tandis que les cultures ou pratiques « distrayantes », infantilisantes et étourdissantes seront encouragées : du pain, des jeux[146], des écrans, du sexe. En résumé, **les gouvernements tirent la concordance à eux** en inversant le sens de l'adaptation nécessaire, l'individu devant faire tout le chemin de gré, par dérive indolore des mentalités et l'éducation, ou **de force**. Voici un exemple de ce type de glissements.

Historiquement, en matière de développement, la transposition des idéaux socialistes à l'Afrique avait déjà fait l'objet de tentatives nombreuses. De la Guinée de Sékou Touré en passant par le Mali de Modibo Keita, sans oublier le (premier) Bénin de Mathieu Kerekou, l'Angola du FNLA et tant d'autres, les expériences socialistes ont

---

la pensée du Général De Gaulle : *« Les Blancs s'en vont ; récits de la décolonisation»*, Albin Michel (1998).

[145] Dans tout socialiste, dirigeant, militant ou journaliste, il y a un pédagogue qui ne sommeille pas du tout, pas assez pour tout dire !

[146] Parfois même « olympiques » !

vite achoppé sur l'écueil des cultures et des religions auxquelles les populations du continent tenaient. La « concordance forcée » à l'idéologie marxiste, dont l'athéisme ne pouvait que braquer les populations, a effectivement ramené le balancier vers des régimes en concordance plus naturelle avec les fonctions d'utilité et les cultures africaines. Les révolutionnaires marxistes, ayant mis la charrue avant les bœufs et n'ayant pas, en partie pour cette raison, réussi au plan économique, ont été balayés par une réaction culturelle instinctive[147].

Les socialistes contemporains en tirent une grande leçon : pour prendre le pouvoir il leur faut aligner **au préalable** les fonctions d'utilité (les séquences β_j) et les mentalités qui les sous-tendent par un combat culturel opiniâtre. Leurs conquêtes seront certes plus lentes mais probablement plus définitives. Après tout, l'histoire valide complètement le principe selon lequel **la domination culturelle commande les victoires durables.** Il n'y a guère d'exception à cette règle en dehors des génocides. Les Gallo-Romains ont finalement dominé les Barbares et les ont assimilés ; les Arabes, bien que largement minoritaires, ont dominé les Berbères avec l'Islam ; les Chinois ont dominé les Mongols et digéré les Mandchous…

La seule interférence possible dans ce processus est celle du nombre, c'est-à-dire de la démographie, qui fonde les conquêtes les plus brutales. Hors ces cas, historiquement assez nombreux cependant, la démographie elle-même est associée aux cultures et aux mentalités.

---

147 Et quelques coups d'Etat militaires bien sûr…

Dans un système socialiste, la sélection-promotion des mentalités et des cultures sert donc à la fois à (1) **maintenir une bonne croissance économique sans laquelle rien ne peut tenir longtemps**[148] et (2) **maximiser une sorte particulière de développement choisie par les dirigeants**. Dans cette sorte de développement, ce sont les fonctions d'utilité des dirigeants ou plus exactement celles qu'ils déterminent comme **le standard social**[149] qui priment et donnent l'orientation pour tout le peuple. Elles sont aussi probablement différentes selon le type de socialisme en action[150].

Le Professeur Adama Diaw, de l'Université Gaston Berger de Saint Louis (Sénégal) pose la question de savoir si une distinction ne devrait pas être faite entre les pays développés et les pays non développés, en insistant sur la position particulière de ces derniers. Par exemple, dit-il,

---

[148] Ce postulat admet des exceptions ; de nouvelles formes « décroissantes » de socialisme sont récemment apparues en Occident dans lesquelles la fonction d'utilité globale implicite des dirigeants organisateurs potentiels est justement de poser **une inversion du signe algébrique des β_j** pour Y, pour PAT et pour le temps de travail. Le « développement » ainsi conçu ne nécessite plus la croissance mais plutôt la décroissance économique. Cela n'invalide pas le pronostic (1) selon lequel ce type de société ne peut pas durer. C'est un socialisme du suicide collectif.

[149] Ils ne s'y conforment pas toujours eux-mêmes ce qui donne *in fine* des sociétés ultra-inégalitaires.

[150] On peut définir le « socialiste autoritaire » comme celui qui veut imposer sa propre fonction d'utilité aux autres et le « démocrate-socialiste » comme celui qui va seulement chercher à les en persuader. Quand on contrôle les médias il n'y a guère de différence entre les deux, seulement un délai supplémentaire pour prendre le contrôle des esprits dans la version « démocratique » du personnage. Cette deuxième méthode est plus efficace à terme parce qu'elle aligne progressivement les mentalités des gouvernés sur les canons fixés par les gouvernants.

l'expansion du secteur tertiaire dans certains pays en développement ne serait-elle pas synonyme de « charrue avant les bœufs » du développement ? Faisant l'objet d'une intense promotion par les groupes oligarchiques internationaux, les applications numérisées et autres activités tertiaires à bas niveau de qualification envahissent l'espace économique de ces pays au détriment des consommations et productions plus fondamentales pour le développement. On peut percevoir qu'ainsi, une spécialisation internationale peu valorisante[151] est « imposée » aux pays en retard sans tenir compte des fonctions d'utilité des habitants.

La domination des organisations et administrations peut être souhaitée pour toutes sortes de raisons ou prétextes selon la variété des idéaux socialistes qui la justifient. Historiquement, le socialisme s'était tourné vers l'égalité sociale, la promotion ouvrière ; il est devenu « national » lorsqu'il fut envisagé et promu comme un moyen de puissance ; il fut encore « répartitionniste » après la deuxième guerre mondiale ; il est désormais « droit de l'hommiste » et orienté vers la promotion des minorités ou plus vraisemblablement vers la destruction du monde ancien par le droit. Il devient même socialisme « décroissant » dans certains pays occidentaux.

---

[151] On peut aussi expliquer cette spécialisation exo-orientée inadéquate par les choix monétaires (Zone Euro-CFA) fortement contestés actuellement en Afrique comme ils le furent et pourraient encore l'être en France (sortie de l'Euro). La conduite monétaire est un aiguillon déterminant de la spécialisation à long terme et l'un des outils de domination des oligarques internationaux.

A chacune de ces variantes de socialisme, toutes vivantes dans différents endroits du monde, correspond un **type de sélection particulière** imposé aux variables déterminantes de la croissance économique[152] et du développement telles qu'on les trouve dans la fonction d'utilité du début de ce chapitre. C'est vrai pour toutes les variables culturelles H, pour le patrimoine privé résiduel PAT, assise de l'autonomie personnelle, ou même pour les grandeurs de temps et particulièrement pour le temps non professionnel de transmission des cultures (TNP_{iH}) qu'un pouvoir socialiste ne laissera pas à la disposition des personnes et des familles. C'est une constante des entreprises socialistes que d'embrigader la jeunesse d'une façon ou d'une autre. Le but visé est de conformer leurs vecteurs de cultures et de mentalités aux standards définis par l'idéologie choisie. La « révolution culturelle » maoïste des années 1960 et la tyrannie des Khmers Rouges au Cambodge en furent les exemples les plus poussés, faisant ainsi d'une pierre deux coups, une jeunesse vite embrigadée et décervelée servant ensuite à « corriger », parfois dramatiquement, les mentalités des adultes[153].

L'idée d'une sélection autoritaire des cultures et mentalités est aujourd'hui véhiculée par les groupes progressistes occidentaux à l'instar de celle que mettaient en œuvre l'URSS et la Chine. Le mondialisme anglo-saxon, appuyé tout autant sur les groupes privés que sur les institutions

152 Voir la fin du chapitre 3.

153 D'où les locutions dramatiques de « camps de rééducation » et de « lavage de cerveau » qui expriment ces sinistres ambitions ; les jeunes en ont évidemment moins besoin.

internationales publiques, suit un chemin semblable. Entre ces deux formes de socialisme, dirigées par le Parti ou la classe mondialiste, seuls se différencient les profils-type des « hommes nouveaux » pré-dessinés par les uns ou les autres.

Dans la phase préalable de lutte contre les sociétés et cultures anciennes vraiment libérales, la collusion s'établit désormais entre le socialisme et le capitalisme mondialiste oligarchique, ce dont témoigne l'activisme des milliardaires déjà cité[154]. Les deux systèmes peuvent aussi **converger** en fonction des nécessités de la croissance économique, leurs deux catégories de dirigeants faisant probablement plus confiance à l'économie mixte oligarchique. Cette dernière permet les échanges internationaux, la souplesse d'adaptation et finalement la puissance, bien mieux qu'un retour à une planification intégrale. L'organisation économique mixte (oligarchisme public-privé), socialisme à gestion économique largement privée, est plus efficace que la planification étatique tout en étant à peine moins contrôlable politiquement[155].

Dans la société socialiste, les personnes sont sans doute plus ou moins heureuses, selon leur fonction d'utilité personnelle, leur place dans le petit système de

---

[154] Mais pas que... En témoigne l'engagement général des partis de gauche en faveur des évolutions sociétales, choix qui, à la réflexion et *a priori*, n'avait rien d'évident.

[155] Peut-être même plus car, à l'exemple de ce qui se passe en Russie ou en Chine, le pouvoir détourne plus facilement les critiques populaires en cas d'échec de sa politique ; il fait alors des oligarques à sa botte des boucs émissaires parfaits, incapables, jouisseurs et comploteurs.

récompenses et les valeurs prises par leurs consommations et leurs cultures. Ces dernières sont elles-mêmes plus ou moins conformes au standard officiel autorisé. Mais ces individus ont peu de moyens d'action[156] pour maximiser leur utilité hors des protocoles en vigueur. Le « développement » qui correspond aux idéaux servis par les administrations leur est imposé de l'extérieur. Les choix de développement des administrations l'emportent sur ceux des individus et la « concordance » se fait par la soumission des personnes, c'est-à-dire dans l'autre sens. Y adhérer sans réagir est une voie possible vers un bonheur au rabais[157].

Conclusion

Toutes les sociétés humaines connaissent un enchaînement temporel impliquant la croissance économique, le développement, les cultures et les mentalités, justifiant ainsi le mot du linguiste français Michel Malherbe (2010) mis en exergue à l'orée de ce chapitre : *« Le progrès ou le recul d'une société dépend étroitement de son système de valeurs ».*

---

[156] Historiquement, les individus placés en système socialistes ont tenté de se créer des univers parallèles de défoulement tant économiques, les marchés libres, que culturels : l'Eglise en Pologne communiste, les samizdats en URSS, dazibao et « sectes » en Chine et peut-être demain des réseaux sociaux un peu partout.

[157] Le danger que court une société libérale est que la majorité de ses membres s'aligne sans réagir sur ce « *second best* » de bonheur. Alexandre Zinoviev [« *Le communisme comme réalité* », L'Âge d'Homme (1981)] avait bien caractérisé ce danger au temps de l'URSS. La Covid de 2020 a manifesté cette tendance d'une majorité à la soumission et à la réprobation vertueuse à l'égard des esprits plus libres.

Sous condition de garder en mémoire les impératifs liés à la production de biens et services et par conséquent à la croissance souhaitable, la phrase de Michel Malherbe placée en exergue de ce chapitre résume bien le bilan de cette présentation nouvelle du modèle de développement.

(1) Cette phrase se justifie déjà par l'analyse de la croissance économique au sens strict. Les cultures humaines y prennent une grande place, tant la culture professionnelle du facteur de capital humain traditionnel que toutes les autres, qui entrent massivement dans les fonctions d'investissement des facteurs de production.

(2) Elle se justifie aussi dans la fonction d'utilité par l'extension de la « nouvelle théorie du consommateur » de l'Ecole de Chicago. Les cultures humaines et les mentalités font partie des variables contribuant directement au bonheur et au développement.

(3) Elle se justifie encore par le rôle de la politique économique et sociale des gouvernements nationaux soucieux d'une bonne « concordance » avec les aspirations des populations. La politique de l'offre élargie aux variables immatérielles et la volonté d'ajuster les pressions au niveau le plus bas requis donnent le cadre de l'action des dirigeants bienveillants des sociétés libres. **De façon générale, les sociétés de liberté s'organisent pour promouvoir un développement appuyé sur les cultures des peuples**[158]

[158] C'était la profession de foi de Friedrich Hayek qui pensait que les sociétés expérimentent et se corrigent pour progresser. Ce mouvement est néanmoins inexistant si les gouvernants, presque toujours non libéraux, imposent leur système de valeurs. C'est encore plus vrai si, comme à notre époque, ils pilotent plus aisément les mentalités.

[159]. Les systèmes socialistes récents intègrent bien cette vue culturelle dans leur stratégie de conservation ou d'extension de pouvoir. Cette fois, ce sont les chefs des organisations administratives qui dirigent les cultures en fonction de leurs préjugés de développement.

(4) Elle se justifie enfin par le fait que les mentalités et le système de valeurs ont une influence particulière sur la forme même de la fonction d'utilité. Les mentalités « forment système » avec la croissance, ses modes de déroulement et les pressions, pour changer le regard des populations sur leur propre bonheur. Ce système, même imparfaitement compris ou maîtrisé, commande les évolutions économiques à long terme.

Quelles leçons tirer pour la profession d'économiste ? La parenthèse de technicité imposée depuis les années 1970 par la science économique anglo-saxonne, est en train de se refermer, en grande partie à cause de ses échecs à prédire les crises successives et particulièrement celle de 2008[160], mais aussi parce qu'elle s'est fondée sur des raisonnements

---

[159] Comme nous l'avions vu au chapitre 3, une saine analyse du développement actuel et de ses chances futures pour un pays donné est difficile à faire de l'extérieur par des experts ignorant des réalités culturelles de ce pays. En réalité, les experts sont forcément plus des spécialistes de théorie de la croissance que de la théorie du développement. D'où la nécessité de mettre fin à la dichotomie.

[160] Cet échec est encore une fois imputable à la « mécanisation » excessive des comportements à court et moyen termes : la science économique standard a négligé ou n'a pu prendre en compte des séries d'anticipations économiques fondamentales de court et moyen termes, celles qu'elle ne pouvait quantifier *a priori* par sa méthode simpliste des anticipations rationnelles : les profits, défauts de paiement, valeurs d'actifs... Voir Bernard Landais (2020b) : « *Macroéconomie efficace* », L'Harmattan.et « *Les Fluctuations* » (2017), L'Harmattan)

déshumanisés et passe ainsi à côté de réalités fondamentales, notamment pour analyser le développement. Elle avait tissé une toile professionnelle de labellisation et de reconnaissance [161] : carrières, modes de recrutement, revues, édition, prix …qui n'est pas encore déchirée. Cette toile soutient le système de valeurs compatible avec le mondialisme anglo-saxon dont les chefs d'orchestre se trouvent aux Etats-Unis, dans leurs satellites internationaux et leurs colonies culturelles. Voyons ces deux points d'un peu plus près.

La théorie du développement que nous avons présentée est encore plus nettement culturelle que la théorie de croissance vue au chapitre 2. Pour cette raison, elle doit conduire à tenir compte de l'extrême diversité des réalités nationales ou de zone. L'action politique qui la suit applique le principe de concordance au cas par cas, en fonction des cultures nationales de l'époque et/ou de celles qu'on entrevoit à l'avenir. Autant de pays ou de zones culturellement différents, autant de « concordances » et de politiques de développement souhaitables.

---

[161] Dans l'université française, les enseignants d'économie du développement étaient trop souvent déclassés, surtout lorsqu'ils avaient eu cette très bonne idée de s'imprégner longuement des réalités humaines des pays étrangers qu'ils étudiaient. Leurs méthodes paraissaient trop littéraires, trop « humanistes à l'ancienne » et leurs résultats académiques étaient rarement aussi flamboyants que ceux des adeptes des démarches quantitatives stéréotypées. Ils laissèrent cependant souvent une trace plus durable dans l'esprit de leurs étudiants. J'ai le souvenir de Michel Biays, Professeur à l'Université de Rennes, qui nous faisait partager son empathie et voyager de Madagascar au Pérou et du Pérou en Haïti au gré de ses missions de terrain.

Dès lors, la théorie du développement, appuyée sur le modèle MIE, propose à l'économiste des perspectives élargies. (1) L'économiste doit d'abord **comprendre** la société qu'il étudie sous ses différents angles, en accordant une priorité à la vie courante des populations, à leurs mentalités, à leur système de valeurs et à son évolution[162]. C'est une manière pour lui de prendre une bonne conscience de la ou des fonctions d'utilité de la population. La bonne démarche scientifique est celle de l'immersion, celle du poisson dans l'eau. (2) Il étudie ensuite **la concordance** des interventions des organisations et de l'Etat, des pressions (O_p, O_u, Pres) avec ce que lui ont appris ses investigations. Enfin, (3) vient le temps de remonter à la croissance économique et à ses conditions en imaginant une **politique de l'offre généralisée** adaptée au contexte ainsi défini. Il lui sera loisible alors (4) d'employer les techniques statistiques de la profession pour en discerner les applications concrètes et proposer aux gouvernants les solutions correspondantes [163] .

Dans une société libre, la science économique regarde le développement d'un point de vue original, celui de la

---

[162] Ce que faisaient couramment les économistes du XIXème siècle, Le Play, Bastiat, Tocqueville et qui correspond à ce qu'en disait Robert Park déjà cité plus haut dans ce chapitre. J'ai en particulier en tête le très beau *« Voyage en Angleterre et en Irlande »* d'Alexis de Tocqueville…

[163] Si l'économiste travaille dans un système socialiste ou oligarchique, sa tâche est plus simple : il s'imprégnera plutôt des mentalités de la classe dominante et passera très vite à l'analyse des conditions que le Système impose à la fonction de production. S'il a ensuite l'audace de mesurer l' « écart de concordance », mesuré par la différence des βj entre le peuple et le standard imposé par les dirigeants, c'est à ses risques et périls.

complémentarité des facteurs, de la dynamique des cultures et de la « concordance » souhaitable des actions publiques avec les aspirations des personnes. S'il est aventureux d'en faire la « science du bonheur », on ne peut pourtant plus la taxer de « science sans entrailles » comme le disait naguère Gustave Flaubert [164].

---

[164] Gustave Flaubert, « *Dictionnaire des idées reçues* », éditions du Boucher (2002).

Conclusion générale

Au terme du travail, il faut revenir sur les deux affirmations implicites que contient son titre. La théorie associe-t-elle efficacement les deux domaines, croissance et développement, souvent séparés dans la littérature économique ? La théorie présentée dans ce livre mérite-t-elle bien le qualificatif de « générale » ? Répondre d'abord à la première question aidera à répondre à la seconde.

(I)

Le parti pris fut de donner la priorité analytique, sinon chronologique, à la détermination de la nature et des causes du développement. L'optimisation de l'utilité, faisant jouer l'allocation du temps et celle du patrimoine, la transmission des cultures, l'épargne et l'investissement et dépendant elle-même de cultures spécifiques nommées mentalités, donne le point de départ à la théorie générale. Beaucoup d'éléments du débat sur la croissance économique proprement dite se trouvent alors implicitement déjà fixés. En particulier, les conditions d'investissement dans le capital physique, l'effort technologique, la mobilisation du travail pour la production et l'investissement dans toutes les cultures utiles, notamment la culture professionnelle, se trouvent globalement définies et fixées sur le long terme. Le lien qui resserre croissance et développement est culturel, c'est le ciment qui les unit.

A ce premier lien, il faut en ajouter un autre, celui qu'établissent l'existence de l'Etat et son action et que complique encore la présence d'intervenants majeurs comme les grandes entreprises et organismes internationaux .... L'action bénéfique de l'Etat, celle des lois, des règlements et de la gestion, s'inspire du « principe de concordance » qui prend directement appui sur la fonction d'utilité des personnes, c'est-à-dire familièrement sur les aspirations populaires. Est généralement nuisible, au contraire, l'action qui n'en tient aucun compte quand l'Etat socialiste dicte sa loi ou ses cultures à lui. Les pouvoirs politico-économiques remplacent alors les aspirations populaires par leurs propres objectifs.

Quoi qu'il en soit, c'est dans la sphère de développement que l'histoire commence, brassant les mentalités et les cultures, dans une interaction générale des désirs populaires et de l'action des autorités. Le développement, conçu à notre façon d'économiste, est le domaine de la politique au sens habituel du terme ; les souverains qui souhaitaient le bonheur de leurs peuples faisaient tout pour cela, des stratégies militaires et géopolitiques à la guérison des écrouelles en passant par la symbolique du roi qui rend la justice sous son chêne ; notre analyse théorique les placerait dans les facteurs d'organisation-protocole particulièrement bien adaptés aux mentalités de l'époque. Une traduction moderne de cette stratégie de concordance est ce que nous avons appelé la « politique de l'offre très élargie ».

Ainsi peut-on conclure que la théorie de la croissance économique examine les implications du développement à long terme sur la production de biens et services en importance et structure, à la fois par le canal culturel et celui de l'organisation politique. La théorie associe fortement les deux domaines souvent trop séparés de la littérature économique et légitime ainsi la double compétence opérationnelle nécessaire des économistes en tant qu'acteurs de terrain.

(II)

Dès lors, pour comprendre toutes les causes de la croissance du PIB à long terme, on doit ouvrir au maximum le champ embrassé par la théorie. La séquence graphique du très long terme annexée au chapitre 2[165] a montré que le déroulement historique des causes ultimes de la croissance se fait par une multitude de canaux qui aboutissent aux fonctions d'investissement des cinq facteurs. Parmi ces canaux, l'accumulation des cultures a dévoilé (au chapitre 3) son rôle moteur et au chapitre 4 on a bien compris que ces cultures retrouvaient leurs racines dans la fonction d'utilité et bien au-delà dans les cultures-mentalités qui la pilotent.

La largeur du champ de la théorie de la croissance est donc indispensable pour faire face à la complexité du monde et de son avenir ; elle ne peut être négligée pour cause de difficulté de mesure ou même d'impuissance économétrique. Le modèle de croissance MIE, qui ouvre au maximum ce champ théorique contribue ainsi à nous faire profiter pleinement de ce que la théorie du développement nous apprend. Ainsi, les propositions contenues dans cet ouvrage lui méritent sans aucun doute son titre de « Théorie générale de la croissance et du développement ».

---

[165] Voir au chapitre 2 la « Maquette du modèle MIE de très long terme » Encadré N°3.

Table des matières

Chapitre 4 Une théorie du développement

Tableaux

Encadrés

Postface

Bien des amis professeurs ayant lu des versions préliminaires de ce livre m'ont fait, avec le tact qui les caractérise, le reproche de couper cette nouvelle théorie de sa possibilité de mesure statistique. J'espère *in extremis* les rassurer.

L'économétrie est une science respectable dès lors qu'elle permet de révéler des faits et de tester des hypothèses. Mais je pense qu'elle sort simplement de son rôle quand elle prétend conditionner et limiter *a priori* la recherche théorique à laquelle elle est subordonnée.

La théorie générale de la croissance économique et du développement présentée dans ce livre ouvre selon moi un grand champ de recherches empiriques. Pour expliquer les fluctuations, que j'ai étudiées dans mon ouvrage de 2017, une économétrie des anticipations est devenue nécessaire, la présentation factice des anticipations rationnelles devant être définitivement enterrée. De même ici, pour la croissance et le développement, des techniques nouvelles mesurant les cultures, voire les mentalités, sont à mettre en œuvre, s'appuyant sans retenue sur les enquêtes économiques et celles des psychologues, des sociologues et des historiens. Il est également crucial de mieux calibrer la position des Etats et des systèmes économiques et politiques les uns par rapport aux autres. J'ai en effet mis en avant l'extrême diversité des conditions de la croissance et du développement, selon principalement la place laissée aux libertés des personnes.

Dans tous ces cas et pour tous ces calculs, une recherche empirique s'inspirant de classements doit se généraliser. Elle existe d'ailleurs déjà, comme en témoignent PISA, les travaux cités d'Abramovitz sur la capacité sociale, du Cato Institute pour les libertés économiques, de la Revue Conflits pour la puissance nationale et ceux d'une quantité d'autres chercheurs dans leurs secteurs particuliers.

La théorie liée au modèle MIE propose donc de généraliser ces pratiques dans son cadre, en liaison systématique avec les arguments des fonctions d'investissement des facteurs et des fonctions d'utilité. Elle est la théorie qui, loin d'exclure l'économétrie et les mesures, leur ouvre de nouveaux espaces et lance aux futurs chercheurs toutes sortes d'ambitieux défis.

Revue « Marché et Organisations »

Promouvoir la recherche originale sur les relations de plus en plus étroites entre le marché et les organisations. Les acteurs économiques de taille, de puissance et de pouvoir différents dont les intérêts peuvent être convergents, complémentaires ou, le plus souvent, antagoniques, ont tendance à organiser les marchés. La raison du marché, pourtant, est la référence stratégique pour l'entreprise ainsi que pour les institutions publiques de décision économique.

N°6 : Entrepreneuriat et accompagnement. Outils, actions et paradigmes nouveaux, 2008
N°7 : Développement durable des territoires. Economie sociale, environnement et innovations, 2008
N°8 : Développement durable et responsabilité sociale des acteurs, 2009
N°9 : Gouvernance : exercices de pouvoir, 2009
N°10 : Le travail collaboratif. Une innovation générique, 2009
N°11 : Economie sociale et solidaire. Nouvelles trajectoires d'innovations, 2010
N°12 : Relations à la marque et marques de la relation. Regards croisés sur le management relationnel de la marque, 2010
N°13 : Les contrats au service de la recherche ?, 2011
N°14 : Le potentiel économique de l'Afrique subsaharienne, 2011
N°15 : Management de la distribution, 2012
N°16 : Territoire Vert. Entreprises, Institutions, Innovations, 2012
N°17 : Eco-conception, conception et innovation. Les nouveaux défis de l'entreprise, 2013
N°18 : Intelligence économique : entreprises et territoires, 2013
N°19 : La finance globale. Un monde fini, 2013
N°20 : La crise du « développement », 2014
N°21 : La Chine innove. Politiques publiques et stratégies d'entreprise, 2014
N°22 : Go East! Nouvelles Economies de Marché, 2015
N°23 : L'économie du changement, 2015
N°24 : Le temps des artisans. Permanences et mutations, 2015
N°25 : Innovations de proximité et esprit d'entreprise, 2016
N°26 : L'avenir des économies du Maghreb : entre inertie structurelle et envie de rupture, 2016/3 (n° 27)
N°27 : Le sport aux frontières du marché du travail, 2016
N°28 : Dynamiques internationales des entreprises, 2017
N°29 : L'univers du risque, 2017
N°30 : Les petites entreprises dans l'histoire industrielle, 2017
N°31 : Economie sociale et *social business* ? Au défi d'entreprendre et se financer, 2018
N°32 : Éducation et fertilisation des économies africaines, 2018
N°33 : L'entrepreneuriat innovant dans les pays du Maghreb, 2018
N°34 : L'entrepreneuriat scientifique : institutions et innovation, 2019
N°35 : Le champ économique de la culture, 2019
N°36 : Economie sociale et solidaire ? Modèles d'innovation et modes de gouvernance, 2019
N°37 : Rethinking Luxury Business, 2020
N°38 : La santé connectée. Nouvelles technologies et réorganisation des soins, 2020
N°39 : Options stratégiques et systèmes complexes d'innovation, 2020
N°40 : Les services : intégration des systèmes productifs et lien social, 2021
N°41 : Crise pandémique, crise globale. Réalité et controverses théoriques, 2021
N°42 : La crise de la covid-19. Le marché et les organisations en perspective, 2021
N°43 : (Re)faire système. *Bug & reset*, 2022
N°44 : Aléas du marché et management du risque, 2022
N°45 : Le renouveau du transport et de la logistique : les systèmes d'information, 2022
N°46 : Entrepreneuriat et innovation dans l'enseignement supérieur, 2023
N°47 : Le tourisme créatif. Culture, créativité, patrimoine, management, 2023
N°48 : L'Afrique : questions de performances, 2023
N°49 : *Fintech* en sciences du management, 2024

https://www.cairn.info/revue-marche-et-organisations.htm

Collection « L'esprit économique »

fondée par Sophie Boutillier et Dimitri Uzunidis en 1996

Dernières parutions

► ***Série Economie et Innovation***

T. MICHAUD, *Le projet spatial européen, entre pragmatisme et imagination*, 2020.

J.-P. SCHMITT, N. RAVIDAT, *Management conjoint de la technologie et de la personne. Pour performer et croitre*, 2020.

Y. EL YAHYAOUI, *Economie des plateformes numériques. Captation de la valeur, pouvoir de marché et communs collaboratifs*, 2021.

G. DUTHIL, *Handicap et insertion professionnelle*, 2022.

T. MICHAUD, *La science-fiction institutionnelle*, 2023.

► ***Série Le Monde en Questions***

J. PIERRE-JUSTIN VIRAPATIRIN, *La petite économie insulaire de la Guadeloupe. Bilan, enjeux et perspectives*, 2022.

K. ESSAF, *Les Sukuk : aspects théoriques, rendement et risques*, 2022.

C. GALLOUJ, S. GALLOUJ, *Grande distribution non alimentaire au Maroc. GSS, grands magasins, malls, franchises et e-commerce*, 2023.

C. SARI, *Valeur relative de la monnaie et taux de change. Vers la fin de l'étalon dollar ?*, 2023.

G. DUTHIL, N. POLINI, *La Défense nationale*, 2023.

A. DAGHER, *La crise financière du Liban : taux de change, FMI, politique monétaire*, 2023.

G. BAYOH, *Ecosystème des transferts internationaux d'argent et développement durable : Contraintes et solutions*, 2024.

► ***Série Krisis***

R. DELORME, *La complexité autrement. Une réponse nouvelle à la pandémie et à d'autres phénomènes sociaux complexes*, 2022.

V. YEFIMOV, *L'ordre social monétaire. L'économie discursive défit le courant dominant et l'économie narrative*, 2022.

M. WIELEZYNSKI, *La loi du marché post-esclavagiste. Une approche critique*, 2023.

G. MINART, *Condorcet économiste : un libéralisme économique au service du bien public*, 2023.

A. MANRAY, *Petit traité de gouvernance à l'usage des despotes éclairés*, 2024.

► ***Série Clichés***

S. BOUTILLIER, D. UZUNIDIS (dir.), *La Russie européenne. Du passé composé au futur antérieur*, 2008.

R. VOLPI, *La négociation. Pain, paix, liberté*, 2009.

B. S. BONBON, *Géométrie parabolique tridimensionnelle ou perspective parabolique*, 2023.

S. BOUTILLIER, B. LAPERCHE, S. T. K. LE, *Ports industriels en transition : De l'économie circulaire à la décarbonation*, 2024.

► ***Série Cours Principaux***

B. LANDAIS, *Macroéconomie efficace. Croissance et crises*, 2020.

A. MBULI LANDU, *Le memo d'un comptable. Approche par le SYSCOHADA révisé*, 2021.

M. EL KARRIM, *Introduction à l'économétrie appliquée*, 2022.

Z. FIRANO, *Fondements de la finance de marché. Théories et applications*, 2022.

Y. KEHO, *Introduction à l'économétrie appliquée sous EVIEWS, Rappels de cours et illustrations pratiques*, 2023.

K. AMZILE, *Intelligence artificielle et modélisation du risque de crédit*, 2023.

B. LANDAIS, *Macroéconomie. Les fondamentaux*, 2024.

► ***Série L'économie formelle***

J. LATREILLE, *Sale temps pour l'économie marchande*, 2021.

J. LATREILLE, *Escronomistes ! Ces théories qui abîment le monde*, 2022.

M. FOUQUIN, *Dettes publiques à long terme et souveraineté nationale : enseignements des crises du XIIe au XXIe siècle*, 2023.

J.-P. ROSELLO, *Marchés financiers, capital financier et crises systémiques*, 2024.

J.-L. VILLOUTREIX, *L'eau coule à Aguad : un conte économique*, 2024.

B. MEUNIER, *L'insoutenable dette publique de la France*, 2024.

Structures éditoriales du groupe L'Harmattan

L'Harmattan Italie
Via degli Artisti, 15
10124 Torino
harmattan.italia@gmail.com

L'Harmattan Hongrie
Kossuth l. u. 14-16.
1053 Budapest
harmattan@harmattan.hu

L'Harmattan Sénégal
10 VDN en face Mermoz
BP 45034 Dakar-Fann
senharmattan@gmail.com

L'Harmattan Cameroun
TSINGA/FECAFOOT
BP 11486 Yaoundé
inkoukam@gmail.com

L'Harmattan Burkina Faso
Achille Somé – tengnule@hotmail.fr

L'Harmattan Guinée
Almamya, rue KA 028 OKB Agency
BP 3470 Conakry
harmattanguinee@yahoo.fr

L'Harmattan RDC
185, avenue Nyangwe
Commune de Lingwala – Kinshasa
matangilamusadila@yahoo.fr

L'Harmattan Congo
219, avenue Nelson Mandela
BP 2874 Brazzaville
harmattan.congo@yahoo.fr

L'Harmattan Mali
ACI 2000 - Immeuble Mgr Jean Marie Cisse
Bureau 10
BP 145 Bamako-Mali
mali@harmattan.fr

L'Harmattan Togo
Djidjole – Lomé
Maison Amela
face EPP BATOME
ddamela@aol.com

L'Harmattan Côte d'Ivoire
Résidence Karl – Cité des Arts
Abidjan-Cocody
03 BP 1588 Abidjan
espace_harmattan.ci@hotmail.fr

Nos librairies en France

Librairie internationale
16, rue des Écoles
75005 Paris
librairie.internationale@harmattan.fr
01 40 46 79 11
www.librairieharmattan.com

Librairie des savoirs
21, rue des Écoles
75005 Paris
librairie.sh@harmattan.fr
01 46 34 13 71
www.librairieharmattansh.com

Librairie Le Lucernaire
53, rue Notre-Dame-des-Champs
75006 Paris
librairie@lucernaire.fr
01 42 22 67 13

www.ingramcontent.com/pod-product-compliance
Lightning Source LLC
LaVergne TN
LVHW010941061026
849535LV00007B/2522